現代臨床政治学
シリーズ
2

アジアと日本の未来秩序

伊藤重行

東信堂

現代臨床政治学シリーズ全20巻

刊行の辞

昨今、日本の内外をめぐる政治状況は混迷を極めている。国内的には、若年層の投票率低下に代表されるような政治的無関心が蔓延し、一方国際的には、米国の強硬な世界政策に基づく緊張をはじめとした、一触即発の切迫感が充満している。この著しい落差を抱きつつ、現在日本の政治は大きな岐路にさしかかっているといえよう。こうした危機的な状況下、たとえば、混迷に処するための政治的リーダーシップの研究、国民の要望により切実に繋がるメディアや世論調査の在り方、民意をより適切に反映する選挙及び選挙法の研究、また現下の国際状況を踏まえた、憲法改正論議を含む安全保障についての議論等、われわれ政治研究者に課せられた課題は多い。

このような現状認識の下、われわれは、今日の政治学が従来の理論研究を主体とする研究スタンスのみでは不十分と考え、「臨床政治学」を提唱するに至った。臨床政治学は、ともすれば理念にとらわれて現実の政治の実態を見失う恐れのあるアカデミズムと、逆に、ともすれば現実に密着するあまりに政治に対する規範的な視点を欠落させがちなジャーナリズムとの双方の研究スタンスの弱点を補完しつつ、研究対象を客観的に分析・診断するとともに、現実政治の病患のより有効な剔出・治癒をめざす試みである。それはまた同時に、一方では大衆性と現場主義というジャーナリズムの特性と、他方、理念の実現のためあえて世論に抗して孤立も辞さないアカデミズムの特性との双方の接点を探りつつ、その融合を試みることによって、そこで得られた研究成果の社会還元をめざすスタンスである。以上のような趣旨に基づき、先にわれわれは、現代臨床政治学叢書(全3巻)を公刊するとともに、2003年3月には「臨床政治学会」を発足させ、また同年7月には日本臨床政治研究所の設立に漕ぎ着けた。

さらに今回、われわれは、今後のさらなる発展を期し、(株)東信堂のご協力を得て『現代臨床政治学シリーズ(全20巻)』を刊行することとした。各巻の内容は、各々の執筆者の人と業績と理論に裏づけられた研究成果であり、専門家のみならず、学生や一般市民にも十分理解できるよう、簡潔な文体と興味ある内容を備えている。ここに関係各位のさらなるご協力を求めるとともに、本シリーズの各巻が多くの人に活用され、今後の政治学研究の発展に寄与することを望むものである。

2004年3月

編集委員　岡野 加穂留

大六野耕作　伊藤　重行　藤本　一美

まえがき

ひとりひとりの人間は旅を好む。ちょうどこの宇宙の天体が、この未知の宇宙をさまよいながら旅をしているように。その宇宙の中のカオスから少し秩序化した天体の中に、人間が現れてきた。その人間を取りまく世界に生命が満ちあふれ、多様な世界を作ってきた。このような視点を心に持って生きている人間を、宇宙意識を持った人間といい、地球や惑星を意識している人間であろう。哲学や思想で地球主義、惑星主義と語られる考え方であり、私のシステム・アプローチである。これらは、二一世紀の人間の立場を表現する言葉であろう。

人間は、家族を持ち、村や街といった共同体を作り、生命の強化を図り、今日ではこの地球上に六〇億の人々を組織化した一九一カ国(国連加盟)としてまとまっている。あるところで事件やテロ、そして戦争が起き、また別のところでは平和裡な生活をしている。また全く文明化されていない人々もこの天体に生きている。このような地球上での出来事は、人間の意識的決定や政治的決定によって生じてきているものだ。ある国際会議で、これからの未知なる人類の未来について議論したことがある。そこでの結論「未来は予言するものではなく、作り上げるものだ」が今も印象として残っている。確かにそこでの専門的議論は、複雑系に関するカオス理論で、一見不規則なふるまい、不連続な変化、どのような状態で分岐が起こるのか、などの議論であったが、ただこれまでのような直線的(リニア)な未来への議論ではなく、未来の方向は非線形のカオスダイナミックスになるだろうであった。私の研究しているシステム理論などは全くその通りであり、複雑なシステムの発展には、安定期と不安定期、連続性と不連続性、秩序とカオスの間で、急激な変化の過程の中にどのようにして分岐が起こってくるかなど、解明できないのではないだろうかといった不安がいつもつきまとっている。専門家的には、「バタフライ効果」の研究である。

前記の専門的な議論には、ホワイトヘッド、ウィーナー、プリゴジンなどの研究があるが、しかし話をもう少し現実の世界に戻そう。「未来は予言するものではなく、作り上げるものだ」は、われわれの周りの国際政治にも当てはまる。北東アジアの未来秩序をどうするか、アジアの未来秩序、東南アジアと日本の関係なども緊急の研究課題である。ヨーロッパでは、新国家のあり方が、欧州統合といった形で展開されている。この展開は、アジアの未来の国家統合のあり方にも影響するであろう。

本書では、未来のあり方は人間の性質によって決定されてくる、すなわち意識化された人間の意志によって決定されるという仮説に立っている。そこで人間を問題にした。全体を流れる人間は、日本の長谷川光二、英国のホワイトヘッド(後に米国のハーバードで教えた)、米国のウィーナー、ベトナムのホー・チ・ミンらである。特に第一章から第四章まで、他に第一一章などで詳しく論じている。

第五章から第七章までは、ホワイトヘッドの政治理論について、彼の哲学と私のシステム哲学の視点を十分考慮した上で、日本で初めて論じられたものである。

第八章から第一一章までは、アジアの分析に基づいて、これからの未来のアジアの秩序について論じている。特に村山政権の時の「内閣総理大臣の談話」の意義について注目が置かれている。

第一二章から第一三章では、日本の現実政治に厳しい判断を下している。つまり日本の現実政治の未来に対する決定では、これからの日本を経営することはできないと結論づけている。また地方分権ではなく、地方主権を確立していくためにサイバネティックスの地方分権論として論じている。

これから二一世紀の国際秩序は、情報技術の発達によって現在の一九一カ国の国家の壁を越えて広がり、さらにネットワーク化され、目に見えない形で深化しながら強固な構造を形成してくると見ている。そのような構造がより「地球的に思考し、地域的に活動する」人々を増大させ、そのような人々の間に台頭してくる新しい「異質、信頼、協力」の倫理観が人類の未来の主流になるだろうと考えられる。この倫理観は、筆者がこれまでこの地球上の五大陸を旅して、ますます確信するようになった信念である。新しい倫理は、多くの人々の心の中で静かに分岐し始めている。

平成一六年一月二日

著　者

目次

アジアと日本の未来秩序——システム・アプローチ

第一部　人間を見る目——反省を込めて

第一章　永遠なる人間との出会い
――長谷川光二

長谷川光二(一八九八〜一九七五)は、牧場を経営し、俳句をたしなみ、学者以上に学問をし、美的人生を送った。彼の一生は、国立公園・釧路湿原の北側、鶴居村チルワツナイで過ごしながら「釧路湿原の聖人」へと進化していったといえよう。彼の魂は、タンチョウの舞いと共に、釧路湿原の上空に昇華して逝った。

彼は一八九八(明治三一)年八月一五日、東京日本橋小伝馬町に生まれ、三男一女の中で次男であった。父親は幼少のころに亡くなったとも聞いている。母親と長男の伝次郎を中心に家業の箪笥製造販売を営み、江戸期からの老舗であった。長谷川三兄弟は、長男の伝次郎、次男の光二、三男の堅三である。三兄弟は一時的には協力したが、最終的にはそれぞれの道を歩み、成功した(1)。長谷川三兄弟は、今の三越本店のある日本橋の近くの小伝場町を生活の場にしていた。江戸情緒がたっぷり残っていた大都会である。日本橋は東海道五十三次の出発地であるから京都の文化が直に伝わってくる地でもあり、長谷川光二の生き方にも多大の影響を与えたといえよう。

1　牧場経営、俳人、学者、そして聖人となっていた長谷川光二の生き方

長谷川光二は、明治期に、現在文京区のお茶の水女子大学附属幼稚園に学び、その後近くの高等師範附属小・中学校（元東京教育大学附属、さらに筑波大学附属小・中学校に変わる）に進学。どちらも日本の教育史に上るほどの名門であったことは東京に住んでいる者にあってはすぐ分かる。高等師範附属小・中学校では先輩に渋沢敬三（財界人）[2]、尾高朝雄（経済学者）[3]、中村為治（詩人バーンズの専門家）[4]がいた。一九一七（大正六）年に、神田神保町近くの一ッ橋（今の如水会館）にあった東京高等商業学校（後に国立市に移り一橋大学に変わる）に入学。そこでは上原専禄（一橋大学学長）[6]、また年次不明だが、吉田絃二郎（大正・昭和期のベストセラー作家）[5]、石川三四郎（アナキスト）[6]、望月百合子（婦人運動家）[7]、東海林太郎（歌手）[8]などが友人であった。「自分の先生は会ったことがない本阿弥光悦（京都、工芸文化人）やウィリアム・モリス、そして直接指導を受けた岡田虎次郎（静坐師匠）や三浦新七（一橋大学学長）である」と語っていたことを思い出す。ゲーテ、クロポトキン、ラスキンなどからも影響があるとも語っていた。一九二三（大正一二）年九月一日、関東大震災に遭遇、一橋大学研究科中退、東京から北海道の生活に大転換した。

長谷川光二は、関東大震災を契機に決断をしたのである。その生き方は農夫から聖人へと進化していった。徹頭徹尾、自分の生き方をしたし、家庭を豊かにし、子どもを育て、家畜を飼い、俳句を楽しみ、文学や哲学、そして宗教もしっかり持っていた。静坐が人生でもあった。彼は根本のところで、内外のイデオロギーの信奉者でもなかったし、またどんな思想の代理人でもなかった。自分の考えを熟成させた生き方をした。明治末期時代に生まれ、当時の社会的雰囲気から「本当の生き方」とはどんなものか解答を探るために、大正末、そして昭和期にかけて日本の北海道・釧路湿原の北側、鶴居村チルワツナイに転居、そして生活の探求を重ね、静かに日本人の生き方を磨いた。人に見せるための人生ではなかったが、多くの人が参考にすべき人生を示してひっそりと天国に昇って逝った。九州は、長谷川光二の奥様の故郷である。両親は福岡市の、今もある鳥飼町に住み、父親は九州帝国大学工学部教授であった[9]。奥様の道子さんは、樋井川のほとりや大濠(おおほり)公園、福岡城跡で遊んだことであろう。そして伝統ある名門の福岡県立福岡高等女学校に通学、音楽に優れていたのでピアノの専門家になるために東京音楽学校(現東京芸術大学)に進学。卒業後、東京の学習院女子部に勤めていたころ長谷川光二と出会い結婚、そして夫になった光二と森の中での豊かな生活の希望に賭けて、一生を共に過ごした。

2　学者のあり方を教えてもらう

長谷川光二先生との出会いは、私の人生を百倍も厳しいものにした。学者のあり方を教えてもらったからだ。当時、あの五〇〇〇冊を越える蔵書を見ただけで仰天した。しかも驚きに始まって驚きで終わった。何しろその頃私は自分の学問を確立するために、社会科学、文学以上に自然科学の理論構成に関心を持っていた。しかも大学にいる多くの教授は、マルクス・レーニン主義を口にしていた。私は熊の感覚を持ち、共生する自然の賢さ、理性的自然を信じていて波長が合わない。原始共産社会から発展していく単線型の方程式の共産主義社会は単純過ぎて信じていられないし、独裁の歴史的結末があまりにも悲惨だからだ。

私は自然科学のコンピュータ、つまり情報科学や行動科学に基礎理論を見いだそうと努力中であった。そのことを長谷川先生と話していて、私がノーバート・ウィーナーのサイバネティックスについて、それが有望で二一世紀科学の基礎理論になるだろうと述べていると、私に丁寧に「お待ち下さい」と言って立ち上がり、自分の蔵書を探し始めた。現れたのは、北川敏夫編『サイバネティックス――境界領域としての考察』(みすず書房、一九五五年)であった[10]。驚きだ。そしてノーバート・ウィーナーについての新聞の切り抜きを見せてくれた。

3　フィードバックの意味を理解していた驚きの長谷川光二の知的関心

それから「自分はこの学者の考えに興味があり、北川編の著書を取り寄せて読んだ。それはあなたが言うように有望だと思う。自分としてはこのフィードバックという考えに賛同する。それは自律や自立に結びつき、また謙虚さや反省を組み込んだ理論だからだ。今の人間は狂っていること自体に気づかない。自然はそういうことを組み込んで発狂しないんだよ」と私に語った。忘れられない講義であった。私も九州に赴任してから縁あって、日本の数学、統計学の大家・北川敏夫と共著『システム思考の源流と発展』(九州大学出版会、一九八七年)を出版する事ができたのも学者長谷川光二先生との会話によると信じている。

4　全ての自然と神を解釈できないとしたアルフレッド・ノース・ホワイトヘッドを読む長谷川光二

さらに驚きが起こった。そのノーバート・ウィーナーの先生は、バートランド・ラッセル、この先生の先生がアルフレッド・ノース・ホワイトヘッドで共に数学者、哲学者、コンピュータ言語の開発に貢献した形式論理学の大家(11)。しかしホワイトヘッドは数学で全ての自然と神を解釈できないと結論。つまり生命ある自然を数学では手に負えないと見た。そして神ではなく、神々の理論を作り上げた。神々同士のフィードバックを現にサイバネティックスが論じていた。おもむろに長谷川光二先生は、市井三郎『ホワイトヘッドの哲学』(弘文堂、一九五六年)を私の面前に持参。「まいった」であった。そしてホワイトヘッドの良いところは「われわれはわれわれの隣人が、自分自身のやり方で人生を楽しんでいる限り、隣人に対して険しい顔つきをしたり文句を付けたりはしないのです」ね。これは大事な考えです、と語り、鉛筆で二重丸がついていたことを思い出す。大したものだ、泰斗(大学者)長谷川光二の誕生である。私がそれ以来あの鶴居村チルワツナイと長谷川光二先生を忘れなくなったことがこれでお分かりになれるであろう。立派な学者だったのだ。私は今、日本のホワイトヘッド学会の理事で、世界中でチルワツナイのことを話している。少し難しい話だったが、私の忘れられない思い出となっている。

5　釧路湿原に昇華した聖人・長谷川光二の魂

「本当の生き方をしたかった」が長谷川光二の願いであった。そして釧路湿原から忽然と消え去ってしまった。釧路の意味は、通過する路(みち)であるから「クロスロード」(交差路)であり、長谷川光二は「クロスロードの湿原」から昇華したことになる。

三つのL、すなわちLove(愛)、Light(光)、Life(生)と共に生きた長谷川光二は、現に釧路湿原の北側に約五〇年住んでいた[12]。どちらかといえば、ひっそりとである。人前に出ることも、人を扇動することも好まなかった。大原始林を開墾し、当時としては大規模の牧場を補助金なしで経営、子供に不便を感じさせながらも(当時はどこの家庭も同じだ)親の責任で自宅教育(ヨーロッパの貴族はむしろそうしていた)、多くの俳句を作り生活を楽しんだ(シェイクスピアは読み切れないほどの文章を書いたが、その英国で世界で一番短い俳句を楽しんでいる人が多い)、学問と共に生活をした長谷川光二であった。

6　長谷川光二は真、善、美、そして聖を統合した一生であった

彼は、「真」を求める方向に向かって生きた。本当の真、真理を求めて生きたともいえる。正しくないことをいい加減にしなかったし、批判を評価していた。政治のことで親友の町田一橋大学教授とデモクラシーの政治について手紙で議論し、独裁やファッシズムよりも優れている事が分かったと語っていた。小さい嘘も方便、子供の嘘は可愛いものと笑うほどの機知はもっていた。学問と一緒に生きたのは、理論の進歩で真理が少しでも見えてくる事に関心があったからに違いない。また伝統の正しさについても語っていた。明治維新以後、西洋化で仏教哲学、仏教文化を捨て、さらには東洋思想を捨てた日本のあり方に批判的で、日本の左翼陣営が嫌っていた安岡正篤の哲学について教えてもらったことがある。今思えば長谷川光二の講義に納得する時代になった。戦前の軍国主義で軍部が天皇を利用した、いわゆる「国軍親率」の態勢と戦後の共産主義者や左翼がマルクス、エンゲルスなどを利用して社会改革をしようとした態勢と構造的に似ているこの日本のやり方は、長谷川光二にしてみれば全く興味がなかった、むしろ困ったことだと思っていたであろう。石川三四郎の個人紙『ディナミック』に、長谷川光二は自分の所で働いていた若者がマルクスにかぶれて困ったと私信を寄せていることからも明らかである[13]。

彼は、良いこと、「善」に敏感であった。静坐で常に自分を律していた。正しい生き方から良い生き方が生まれると聞いた。善なる生き方をしていないと不正や不良を見逃すとも聞いた。彼は悪いことをし

ないで一生を鶴居村で生きた。東京がいやになった原因かも知れない。そんな東京が好きな人もまた多い。

7　鶴居村チルワツナイが一番美しい

彼は、美しいこと、「美」を大事にした。綺麗で美しい中に、良いこと、正しいこと、善なることがあるとよく言っていた。鶴居村チルワツナイが美しいと話していた。夕日が地平線に沈み、暗闇が迫るときの雲の色の変化、立ちこめてくる濃霧、霧笛の音、タンチョウのワルツ、夜空の星のきらめき、繰り返す季節の推移、この情景に不正、不純がないと話していた事を思い出す。またこの情景は詠えども詠えども尽きなく、絵に表すのも難しいと話していた(14)。

私は長谷川光二の晩年に教えを受けたのであるが、彼は、汚れなく清らかな心を持っていたと確信できるので「聖」を見ていたといえる。そういえるのもまた真、善、美は聖の世界で一致すると語っていたからでもある。自分はキリスト教、仏教などを知っているが谷口雅春の説教は自分の宗教観に近いと述べていた。谷口雅春の雑誌『いのち』を見せてもらった。それを読んで私は現代科学をもとに創り上げたホワイトヘッドの神々の宗教観に近いとコメントした。永遠性、究極性は今の自分(現在)に侵入し、侵入しつつ未来性と過去性に投影されて超越し、神々がより神々になり、人間や動植物、湿原、地球の中に働きかけて多元化していくと私が語ると納得した顔をされた。長谷川先生は「過程の神性」を信じていたのである。現代科学と同じ思考形態である。

8　長谷川光二は理想重視の現実主義者であった

釧路湿原の聖人・長谷川光二は、理想に向かって真剣に生き、理想を現実の今の自分で捉え、決定し、そして実行に移し、伝統性、歴史性、過去性、未来性、永遠性、究極性、神秘性と語り合いながら一生を生きた理想重視の現実主義者であった。理想と現実を「対立項」で見ると二極に別れ、矛盾となり、対決や紛争、革命、そして戦争につながる。またそれらを「関係項」で見ると相互連関となり一体化し、相互の間に情報やエネルギーが交換されて、ある一定の異質なものを包含した秩序が形成され、協力、信頼、そして対話を作り出し、一方交通から相互交通性が作り出され、合意形成という協力関係が形成される。理想重視の現実主義者とは後者の考え方になる。このような思考を支援する学問がサイバネティックスであり、システム理論である。二一世紀にも通じるこのような考えを示して釧路湿原に昇華して逝った。

9　なぜ長谷川光二はソロー以上の人物か考えてみよう

長谷川光二の一生と米国東部で生きたヘンリー・デヴィッド・ソローの一生を比較してみて長谷川光

二の一生がソローのそれと勝るとも劣らない所があると考えた。私がソローの『森の生活——ウォールデン』を読んでみてこの程度の作品がどうして評価されているのか分からなかった。今でもそう思っている。何故この程度の作品が明治期から日本で翻訳され読まれているのであろうか。今も不思議である。

	長谷川光二(一八九八～一九七五)	H・D・ソロー(一八一七～一八六二)
生誕地	東京・日本橋小伝場町	米国・マサチューセッツ州コンコード
親の家業	箪笥製造販売業	鉛筆製造業
学歴	東京高等商業(現、一橋大学)中退	ハーバード大学卒
家族	妻、一男三女	独身
森の生活地	鶴居村チルワツナイ(四七年間)	ウォールデン(二年二カ月)
家業	牧場経営、俳人、哲学者	文学者、演説者
好き、嫌い	演説嫌い、俳句好き、静坐好き	演説好き

両者を比較した表を見ると、歴史的にはソローはアメリカの独立戦争から南北戦争の頃であり、日本では杉田玄白『蘭学事始』が出たり、福沢諭吉『学問ノススメ』、そして明治維新へと突き進んで行った時代である。生誕地に関しては、長谷川は東京の日本橋、ソローは東部アメリカ・ボストン近くのコンコード、今の鶴居村よりも少ない人口二千人程度の町であった。親の家業や両者の学歴も大差がない。大きな違いは長谷川は家族をきちっと持ち育てたが、ソローは気楽な独身生活。また長谷川は四七年間鶴居村に住み続けたが、ソローはウォールデンにたったの二年二カ月。こんな程度ではやってみたとしても大したことではないと思う。両者の家業として長谷川は牧場経営の自給自足、ソローも自給自足で同じ。長谷川は俳句、哲学、宗教、を好んだのに対して、ソローは文学、政治思想などに関心があった。好き・

嫌いの点で、長谷川は演説や人を扇動するのを嫌い、俳句作り、静坐を好み、ソローは逆に演説が好きであった。この好き・嫌いの点が両者を分けることになろう。長谷川は一人静かに生きたが、ソローは騒々しい。ソローの場合、このことが優れた作品として『市民の反抗』のような政治思想が生み出される背景となったが、長谷川も多くの俳句を作ったので日本人の歌の心を極めた点で大差がないといえよう。

註及び引用文献

（1）長男の伝次郎は、プロの写真家として活躍、多くの写真集を出版した。写真のネガの八割は福岡市立美術館に寄贈された。三男の堅三は、昭和一四年から光二と別れ、東京に戻りビジネスに携わった。

（2）尾高朝雄は長谷川光二を訪ねたことはないが以下の雑誌で言及している。「チルワツナイの友」（『暮らしの手帖』第一七号、一九五二年九月、一〇四～一〇五頁）。

（3）東京商科大学の先輩で、詩人バーンズの研究で有名。戦後の昭和二一年に長谷川光二宅を訪問、約一年間滞在した。

（4）市原豊太は、戦後東京大学教授になる直前と直後に三回長谷川光二宅を訪問。以下の雑誌と著作で長谷川光二について言及している。「ある牧場の主――長谷川光二」（『校内校外』白水社、一九五三年一〇月、一七〇～一八四頁）、「友達」（『内的風景派』文芸春秋、一九七二年三月、二六〇～二七〇頁）、「鶴の婚禮」（『内的風景派』文芸春秋、一九七二年三月、四七六～四八四頁）。

（5）佐賀県出身の吉田絃二郎は、作家であり、また早稲田大学教授となり、長谷川三兄弟に関心を持ち、亡くなるまで支援をした。彼の多くの作品で長谷川三兄弟や鶴居村チルワツナイの長谷川牧場を取り上げられている。吉田絃二郎『木に凭て』(新潮社、一九二三年二月、二五頁)、『静かなる土』(新潮社、一九二六年一〇月、三七~四一、一〇三、二五三~二六二頁)、「北見の友へ」(『わが詩わが旅』早稲田大学出版部、一九二八年一一月、二〇三~二一一頁)、『人生遍路』([角川文庫]、角川書店、一九五一年六月、一〇~一一、一六頁)、『「夜や秋や」日記』(第二書房、一九五八年一二月、三七、五七~五八頁)。

戦後、吉田絃二郎は忘れられた作家となったが、しかし彼の情緒ある作風は今読み返しても心地よいものだ。彼の研究書として近年でたものは以下の通りである。原岡秀人『吉田絃二郎の文学・人と作品』(近代文藝社、一九九三年)、末永實(末永國紀編)『吉田絃二郎の生いたちを語る――実妹・橋本晴子の留書とその周辺』(私家版、一九六六年)(これは、佐賀新聞に一九七七年八月二三日から一一月八日まで九回連載したものをまとめたものである)。

(6)　一九二八(昭和三)年に長谷川光二、妻道子、そして弟堅三の三人が釧路湿原の北側、鶴居村チルワツナイに入植、開墾している所に、日本のアナーキズムの主柱的指導者の石川三四郎が望月百合子と共に、一九二九年六月、一二月東京から二度訪問した。しかし長谷川光二はアナーキストではなかった。

(7)　望月百合子は石川三四郎を連れて訪れた主目的は、阿寒の猪狩満直と弟子屈の更科源蔵に会うためであったが、旧知の長谷川光二を一九二九年六月、一二月に二度訪問した。望月百合子「北海道釧路にて」(『女人藝術』一九三〇年二月号)。この訪問した事の記録が望月百合子写真集編集委員会編『二〇世紀を自由に生きて――写真集望月百合子一〇〇歳のあゆみ』(ドメス出版、二〇〇〇年、一〇二頁)に記載されている。

望月百合子は二〇〇一年六月九日、一〇一歳になる直前に他界した。出生についていろいろ議論されたが、彼女自身が「……本当は東京生まれなのですよ。父は石川三四郎、母は宮中の女官に仕えていた人だったそうです。海老名弾正の本郷教会で知り合ったということでした。七カ月の未熟児で生まれてすぐに父の兄の友人だった望月家に引き取られました。……」(尾形明子『女人芸術の人びと』ドメス出版、一九八一年、一四〜一五頁)と記されている。一九三〇年に古川時雄と結婚したが子供はいなかった。

(8)　東海林太郎は秋田県出身で、最初東京音楽学校に入学、そこで長谷川光二の妻道子と同窓であった。東海林太郎の父親が音楽の道を嫌い、その意向を汲んで東海林太郎は早稲田大学に再入学、卒業後満鉄に勤務、しかし歌の道を捨てがたく再復帰した。一九三三年に長谷川牧場を訪問、釧路湿原に向かって歌の練習をしていた。その後、日本を代表する歌謡歌手になった。

(9)　長谷川光二の奥様の道子さんの父親については以下の本に記録されている。
多々良三平『九州帝大人物風景』(国際書院、一九三一年、一〇三〜一〇五頁)。

鬼頭鎮雄『九大風雪記』(西日本新聞社、一九四八年、八五頁)。

九州大学創立五十周年記念会『九州大学五十年史　学術史(上巻)』(九州大学、一九六七年、四一四〜四一五頁)。

(10)　ノーバート・ウィーナー(Norbert Wiener)は、自動制御装置の理論的開発者。B・ラッセルやA・N・ホワイトヘッドの下で研究した。米国・MITで教え、多くのサイバネティックスの研究書を残した。北川敏夫編『サイバネティックス――境界領域としての考察』(みすず書房、一九五五年)、北川敏夫・伊藤重行『システム思考の源流と発展』(九州大学出版会、一九八七年)。

(11)　アルフレッド・ノース・ホワイトヘッド(Alfred North Whitehead)は、英国の数学者として有名。六四歳から米国・ハーバード大学哲学教授、ハーバードビジネススクール設立に参画。新しい過程の神学と哲学を創造する。日本では京都の松籟社から全集が翻訳出版されている。市井三郎『ホワイトヘッドの哲学』(弘文堂、一九五六年)、山本誠作『ホワイトヘッドの宗教哲学』(行路社、一九七八年)、田中裕『ホワイトヘッド』(講談社、一九九八年)、郷義孝『ホワイトヘッドの有機体の思想』(晃洋書房、一九九八年)、荒川善廣『生成と場所』(行路社、二〇〇一年)。

(12) 三のLについては、長谷川光二の精神を表しているので重要である。彼はこの三のLと共に生きたからだ。長谷川光二は日本の国語学の大家・新村出(『広辞苑』の編者)が雑誌『静坐』(一九三七年新年号)に「三のL」の由来が判らないと載せた時、直ちにその由来について回答した。そのことが「三つのLを拝讀して」(「生命合奏」『静坐』一九三七年二月号、二八～二九頁)として掲載された。実践者・長谷川光二の考えがあの鶴居村チルワツナイから発信していたことに驚きを感じる。

(13) 長谷川光二は、石川三四郎『ディナミック』(第一二号、第二巻、共学社、三～四頁)の中で、長谷川牧場の家屋建設中に大工の「……一青年が、ぐれ出して困って居ります。そして又してもマルクシズムに足をさらはれて、人相までも変わって目付きが狂気じみて参ったのには驚いて居ます。人間はむずかしいもの、あまり楽天的であってはならない、……」と述懐している。

(14) 長谷川光二の美意識は、以下の文章に現れている。長谷川光二「丹頂のワルツ」(『札幌百点』第二六号、一九六二年四月)。

参考文献

盛厚三「原野の思索家　長谷川光二(戦前編)」(『釧路春秋』一九九二年一一月)
盛厚三「原野の思索家　長谷川光二(戦中、戦後編)」(『釧路春秋』一九九三年五月)

伊藤重行「長谷川光二の世界」(『釧路新聞』[三一回連載]、二〇〇三年五月五日〜六月二五日)
舟越道子『青い湖』(角川書店、一九九七年)
近藤泰年「孤高の家」『釧路湿原を歩く』(福音館書店、一九九八年)
斉藤兵市「つるはしないの人々——夢をもとめて」(『鶴居村——地域社会の研究』北海道地域社会研究会、一九五二年)
宮田時男『チルワツナイ・長谷川牧場』([私家版]一九八九年)
大木文雄「ハインリヒ・フォーゲラーの総合芸術と長谷川光二の生涯」(『北海道教育大学紀要』一九九七年二月、六三〜六七頁)
大木文雄「釧路湿原の長谷川光二」『北海道教育大学紀要』(一九九七年二月、六九〜八四頁)
小宮山量平「長谷川牧場」(『昭和時代落穂拾い』週間上田新聞社、一九九四年二月、一二六〜一二七頁)
小宮山量平「菩提樹記をふたたび」(『千曲川』[第2部青春彷徨]理論社、一九九九年六月、三三〇〜三七八頁)
小宮山量平「再びチルワツナイへ」(『千曲川』[第3部青春回帰]理論社、二〇〇〇年一〇月、八四〜一一〇頁)
小宮山量平『千曲川』[第4部青春新生]理論社、二〇〇二年四月、四六頁、一七〇頁、一八〇〜一八三頁、二九六〜三〇二頁、三四一〜三四八頁
吉田徳夫編『長谷川光二句集——郭公幻想』([私家版]、二〇〇二年一一月)

第二章　人間は阿呆か、それとも利口か

かれこれ五〇年以上もこの地球上に生きて来てみると、標題のような問いを発してみたくもなる。このような問いを発しているこの自分自身が阿呆か、それとも利口かということにもなるし、また国家を作っている国民が阿呆か、それとも利口かということにもなる。辞書によれば、阿呆とは「愚か者。またばかなこと」と記されている。一応また意味の確認のために、愚か者を辞書を引いてみるとそれは、「知能・理解力が乏しいこと」となっている。「ばか」とはどういう意味だろうか。それは梵語の「無知」からの当て字で「愚かなこと。また愚かな人」になっている。次に、利口とはどういう意味だろうか。それは「巧みにいうこと。口ききのうまいこと」、さらに「賢いこと」と記している。「賢い」とは「才知がある。思慮がある」ことの意味となっている。

以上のことから人間はどちらなのか、すなわち阿呆なのか、それとも利口なのかという問いの発し方

をすると気分がよいのだが、そう簡単にこの二分割で割り切れるものではない。もし人間をそのように二分割化してしまうことでよしとするのであれば、結局大学までいったものが利口で、行かなかった者が阿呆ということになってしまうのである。大学卒の多い集団からなる大学それ自体が利口とも思えないし、また中央官庁の官僚達が利口とも思えないことがたくさんある。大学を出ていない人や地域に長く住んでいる人の方がはるかに利口な答えを持っている場合も多くある。また大学はもとより学校すらもいっていない動物の方がはるかに利口なこともある。

正しくは、人間は阿呆でもあり、また利口でもあるといえよう。その場合阿呆であるか、または利口であるかは、人間が置かれている場や状況によって決まってくるということだと思う。どうも動物の方が場や状況を捉えるのがうまいのではないかと思われることがある。場や状況はどのようになっているものだろうか。そこは様々な出来事が作られたり、作ったりする総合態である。したがって場や状況というのは複雑な出来事が関連し合った複合態なのである。この意味あいは、「じねん」としての自然にも適合する。「じねん」としての自然は「自ずとそうなる」と「自らそうなる」の複合態なのである。以上のことを「システム＝SYSTEMS」と私は定義しているのである。より詳しくいえば、そのシステムは「自己安定・自己組織システム」[1]と定義している。自己安定・自己組織システムが賢く、かつ利口な存在を表す根本原理ということになる。

1　阿寒タンチョウ自然センターと釧路湿原

数年前にこのセンターを訪ねたことがある。そこの図書室に北原貞輔・石井薫編『自然を捨てた日本人――破壊と保全・復興の谷間で』[2]の本があった。この本があるだけでそのセンターは利口だと思った。この本は、自然を愛して止まない日本人なんぞ神話で、本当に日本人は自然を愛する人種なのかと疑問符を付けている図書だからだ。その本の至る所に自然破壊者としての日本人が突きつけられている。特に最高学府の大学を出た連中が集まっている行政組織あるいは公共団体が施行してきた、これまでの破壊の実態が記録されているものである。タンチョウは釧路湿原を生活の場にしているのだが、その湿原およびその周辺が北海道開発局や北海道土木現業所の工事対象で、どんどん開発されてきて色々な生物が生きられなくなってきている。釧路湿原という場が、複雑な出来事が関連し合った複合態、すなわち自己安定・自己組織システムであるということを無視してきたからである。今も開発という破壊が年間何十億円も投資されて行われているので、その当事者は阿呆だと断言できる。最近耳にするところによれば、直線化され、破壊された湿原の川の蛇行をまた復元しようとして、何億円も再投資されているとのことが報道されている。初めから開発しなければよかったのであるから阿呆を通り越している。開発決定者には国民に返金させるか、返せなければ犯罪であると認識させせなければならない。

2　ローマ・クラブ(The Club of Rome)

私も参加したことがあるローマ・クラブは、今からもう既に三五年前の一九六八年に設立されていた。この名称は、最初の会合場所がローマであったためそのように名付けられた、と同時に最初の唱導者がイタリア人であったことにもよるといえるであろう。そのイタリア人の名前は、アウレリオ・ペッチェイ(Aurelio Peccei)[3]という人物であった。一九七〇年にローマ・クラブは、スイス法人として正式に設立され、世界的に活動が開始された。ローマ・クラブは、世界で初めての「地球問題研究所」であった。

ローマ・クラブは、今日われわれが耳にする多くの象徴的言葉をわれわれに届けてくれた。「宇宙船地球号」「かけがえのない地球」「持続的発展」「地球的に考え、地域的に活動する」「地球問題症候群」「地球社会」「システム・アプローチ」などであるが、われわれに地球意識や宇宙意識の覚醒を促した。

またローマ・クラブは、その研究成果を世界に報告書として出版した[4]。その報告書はこれからの地球の未来にとってあまりにも強い警告を含んでいたために、反発が強かった。特に財界からの圧力が強かった。当時、財界はバラ色の未来論に酔いしれていたからである。また、左翼的な政治指向を持つ立場からは、それは「金持ちクラブ」として批判された。現時点から見れば、財界も左翼的な政治指向を持つ立場の人々も、ローマ・クラブの警告を丸飲みしているように思える。新しい研究や展望を批判することは簡単だが、人間はいつも誤りを犯すものだと考え、謙虚な生き方が大事だと思う。以上の点からローマ・クラブの活動は時代が要請した利口な人々の総意の結集であったといえよう。

3　地球マネジメント学会

そのローマ・クラブの研究成果について、東京の東洋大学で開かれた一九九九年度の地球マネジメント学会の研究・総会で報告してみた。現在、ローマ・クラブは高等学校の『政治・経済』の教科書に記載されている地球環境・公害の問題に警鐘をならし続けてきた団体とされている。以前、青山貞一氏が本学会でローマ・クラブについて触れていたが、彼の研究所の報告で所沢のダイオキシンを暴露した点で評価できる。彼は利口である。それを隠し続けてきた団体の方が阿呆である。

今回の地球マネジメント学会での報告で、くりもと地球村の佐藤文彦「生物たちの社会参加」は利口であった。また島田順一「健康と環境浄化のビーワン」はもう少し詳しい説明が欲しかったし、佐々木茂美「見えないものを科学する」についてもトリックにならないようにもう少し十分な説明が必要と思われる。

総じて地球マネジメント学会の会員は、阿呆に気がついている人々が多くいると思われる。先輩の北原貞輔先生、涌田宏昭先生などは利口であったが、京都から来ていた学者が今頃「地球社会」などととぼけた発言をしたので、「ローマ・クラブでは三〇年前にそんなことは言っている」で会場はシーンとしてしまった。

4　フェアフィールド大学(Fairfield University)

この大学には初めて(一九九九年八月)行ったのであるが、ニューヨーク市のペンシルバニア駅からアムトラックで一時間少し、ニューヘブンまで行かないコネチカット州にある自然と森に囲まれた大学であった。いつも思うことだが、アメリカ人は日本人よりも自然を愛しているのではないのか、という危惧がある。生活の場に自然を取り込む術は、日本人以上であるといつも感心させられている。日本では森の管理、河川や公園の管理は治水や災害防止という大命題のために、他の生物を結果的に排除してきている。これは阿呆なことだ。

フェアフィールド大学で開催された第三回「場と非実体論的転換」と題する国際シンポジウムに私が招待され、そこには約一五カ国からの参加があった。私は「システムとホワイトヘッド哲学の現実」について報告した。この報告はホワイトヘッド哲学の現実の考え方を単に認識論ではなく存在論にまで深化させることができることを論証したもので、この考え方を援用することで「システムの存在論」を構築しようとしていることを暗に示唆した。多くのキリスト教徒にとっては、神の絶対性からシステムの絶対性、そして神の究極性からシステムの究極性への哲学の視点の移行が強調されたのであるから意味深長である。しかしあらゆる存在の存在性は、場や状況の変化や過程の産物であるとわれわれの指向転換をすることによって、東西の哲学的対立、科学的方法論の対立を克服して地球的統合の視点を育てることになるであろう。東西の哲学的議論のなかに、認識論と存在論の共通の場が見えてきた。哲学を解説する阿呆な人々よりも、哲学を建設しようとする利口な人々の集会であった。

5　サケやマスの知恵と博多駅の水没や御笠川の氾濫からの教訓

二一世紀は地球的意識、惑星あるいは宇宙的意識をもつことを人間に要請してきているように思う。これらの意識は人間がこの地球の王者ではなく、単なる利用者であること、そして他者と協力して生存すること、また共生の大切さを教えているものである。サケやマスと比べて、今日の人間はどこどこ大学を出た者が利口で、どこどこ大学出は阿呆などと区分けしている人間社会である。この利口な人々が官庁に入って博多駅の建設や御笠川の災害防止のために下流から川の上流の源流までコンクリートでかためてしまっている。俗にいう利口な人が考えて川を少しづつ、つまり部分的に災害防止をコンクリートでかためることで達成してきた[5]。しかし完全に上流の源流までそれで固めたことによって何が起こったのだろうか。排水が良すぎてしまったこと。そのことによって雨が集中的に降ると直ぐに増水と濁流が起こるということ。最近、全国的にこのような現象が起こり始めてきている。私の観察によれば、今年の博多駅の御笠川の氾濫による水没は、利口な人々といわれた者が設計し、建設したことによって起こったものという疑いをもっている。結局、彼らは阿呆なのだ。サケやマスは大学も卒業していないが、彼らは環境破壊をしてきていないので利口ある[6]。サケやマスは確実な知恵をもっている。サケやマスがもっている知恵すら発揮できず、人間は環境を破壊してきている。どちらが阿呆か利口かは明らかである。阿呆な人間には長崎県佐世保市のハウステンボスの社長神近義郎の言葉、すなわち「人間は失敗や勘違いをする。それに気づいたときにいかに早くフォローするかである。早くフォローできない人には責任を取ってもらう」という考えは新しい知恵である。彼は、利口であったからハウステンボスから既に身を退いている。河川改修や護岸工事などといって一年で使いきってしまわなければならない予算、財政投融資を使った陰の予算を無理矢理使いきってしまう阿呆な事をしている人々に責任をとってもらう時期に来た。これは日本政府の会計制度それ自体が招いている問題で、行政の権力を日本全国に浸透させるには好都合の方式である。しかしこの無駄使いのつけは子々孫々に及ぶと見なければならない。

註及び引用文献

（1）このシステムの思考に基づけば、原理的に馬鹿が利口へ転換していく過程として論じる事ができる。阿呆な人は究極的に対立や紛争を拡大するが、利口な人は対立や紛争を縮減して合意を形成していくといえる。詳しくは、拙書『システム哲学序説』（勁草書房、一九八八年）参照。

（2）この著書は、北原貞輔教授が日本全体の環境が破壊され、人間が生きる空間が消滅するといった危機意識を基に研究された成果である。北原貞輔・石井薫編『自然を捨てた日本人——破壊と保全・復興の谷間で』（東海大学出版会、一九九四年）、北原貞輔・松行康夫編『環境経営論　I』（税務経理協会、一九九六年）。

（3）　アウレリオ・ペッチェイ(Aurelio Peccei)の著書は以下の通りである。
『横たわる断層』(牧野昇訳、ダイヤモンド社、一九七〇年)
『人類の使命』(大来佐武郎監訳、菅野他訳、ダイヤモンド社、一九七九年)
『未来のための一〇〇ページ』(大来佐武郎監訳、読売新聞外信部訳、読売新聞社、一九八一年)
『二一世紀への警鐘』([池田大作共著]、読売新聞社、一九八四年)
「二一世紀への行動指針」(『「成長の限界」に学ぶ』[鳩山由起夫]、小学館、二〇〇〇年)

（4）　ローマ・クラブへの報告書は以下の通りである。
D・H・メドウズ他、大来佐武郎監訳『成長の限界』(ダイヤモンド社、一九七二年)
M・メサロビッチ、E・ペステル、大来佐武郎・茅陽一監訳『転機に立つ人間社会』(ダイヤモンド社、一九七五年)
ヤン・ティンバーゲン編、茅陽一・大西昭監訳『国際秩序の再編成』(ダイヤモンド社、一九七七年)
D・ガボール、U・コロンボ、鈴木胖訳『浪費の時代を超えて』(ダイヤモンド社、一九七九年)
E・ラズロー他、大来佐武郎監訳、伊藤重行他訳『人類の目標』(ダイヤモンド社、一九八〇年)
J・W・ボトキン他、大来佐武郎監訳、市川昭午他訳『限界なき学習』(ダイヤモンド社、一九八〇年)
B・ハブリリシン、大来佐武郎監訳、中村元一・伊藤重行訳『効率型社会への道程図』(ダイヤモンド社、一九八二年)
G・フリードリッヒ、A・シャーフ、森口繁一監訳『マイクロ電子技術と社会』(ダイヤモンド社、一九八三年)

（5）　行政や政府の中にも川の作り方について批判が出てきている。
関正和『大地の川――甦れ、日本のふるさとの川』(草思社、一九九四年)

（6）　時には自然に関する本を読むと、人間の行為の無意味さが判る。
桜井淳史『北の清流――生命のふるさと』（講談社、一九九六年）
福岡正信『〈自然〉を生きる』（春秋社、一九九七年）

参考文献

沢田允茂『哲学の風景』（講談社、一九九七年）
N・ウィーナー、鎮目恭夫訳『神童から俗人へ』（みすず書房、一九八三年）
ビル・トッテン『日本は日本のやり方で行け！』（PHP研究所、一九九八年）
能勢馨司『タンチョウは私にたくさんの感動をくれた』（二〇〇一年）
正富宏之『タンチョウそのすべて』（北海道新聞社、二〇〇〇年）
西和子『くしろ・湿原物語』（二〇〇三年）
天野礼子『川は生きているか』（岩波書店、一九九八年）
和田正宏『北の大地・タンチョウ』（芸艸堂、一九九九年）

第三章　苦悩と崩壊の日本の心

第二次世界大戦後、多くの日本人は国家のあり方、個人のあり方について反省し、国家の再建と人間のあり方に自責の念をもって日々を送ってきた。

軍国主義からの脱却を果たしたが、しかしまた多くの指導者、とりわけ教育者は、民主主義を叫びながら、マルクス・レーニン主義を信じ、共産主義国家を理想の国家と信じ、戦後世代のわれわれを教育してきた。私の周りの大学教員は、多くのマルクス主義者からなりたっていた。とくに国立大学教員に多くいた。彼らの教育が多くの学生に影響を与え、その学生が教員になり、また子供たちを教育し、今日の無目標の学生や青年たちを作り出してきた。国家や国旗に対して拒否をしてきた人々は、あまりにも理想主義であった。

私の学生時代に私は、このマルクス主義や共産主義の信奉者が労働者の味方などといって階級闘争を主張していたこと、さらにその主張がソ連、東欧、中国などの主導であったことに強い疑念を持ち、マルクス主義者や共産党に対して疑いを持っていた。したがって私の研究者としての道は非常に険しいものであった。幸い九州にある九州産業大学に研究者として採用され、かれこれ二〇年の年月もたち、省みれば私が妥協せずに今日まで自らの哲学、システム哲学、ホワイトヘッドの哲学を研究してきたことが私の道を造ってきた。これらの私の研究してきている哲学は、日本の伝統と自然をどのように理解し、哲学化するかの点にのみ焦点を合わせた研究である。

日本の先達は、命を懸けて新制国家建設に邁進したにもかかわらず、いまやその後継者は、既成の秩序や利権に目がくらみ、最高の学歴や権威をかさに、利権あさりの機械に転落してしまっている。日本のどこに行ってもやらなくても良い工事が目につく。無駄な工事が多すぎる。なんといってもそのことは無駄なのだ。われわれの先達は、「無駄をするな、質素に生きよ、自分を律せよ」と教えてきた。今の政治家や公人は、利権をあさり、さらに利権を求め、作りだし、これからどうしようとしているのか。日本の心は、今考えてみると、大学院時代に、三島由紀夫が自殺した意味が思い出される。彼は真の日本人を教示したかったのであった。

私は今、どのような日本人を作ろうかと真剣である。ゼミ生を叱りとばし、人間になり、心を持った人間づくりを進めている。そのために国際交流に力を入れている。がしかし、多くの問題がある。

1　苦悩するゼミの国際交流

私のゼミの国際交流の目的は、ゼミ生の語学力の向上と海外での友人作りである。四月の入ゼミ後、ゼミ生はまず研究対象国あるいは地域を決め、理解を深めるために研究論文を書き上げ、次年の二月にその対象国あるいは地域の大学あるいは研究機関を正式に訪問する[1]。このような流れでゼミの国際交流を進めているのであるが、どうも満足いくことのできる段階まで達していないのが現状である。

何故うまくいかないのかについて、反省点を考えてみると次のようにいえるであろう。第一に、ゼミに入る時の学生の動機である。入ゼミ時の面接の時に、このゼミは何をするゼミなのかしっかり理解しておらず、また面接の時になってもはっきりした目的を持たずにやってくる学生が多いということ。私が「このゼミは、英語のＴＯＥＦＬ六〇〇点、ＴＯＥＩＣ八〇〇点を目指し、近隣諸国の研究を中心するために忙しいのであるがどうするか良く考えて決めなさい」というと大多数の学生はもうやってこない。問題はやろうと思って入ゼミした学生でもうまくいかないのである。強い意志の欠如と思われる。そのことが、第二に、ゼミの会合での欠席が多い事に現れるのである。なぜ約束の時間に平気で遅れたり、無断欠席が多いのかが分からない。第三に、英語を読ませても間違った発音で平気、また訳させても誤訳で平気であるということ。したがって、正訳に近づけるための文法の解説や日本語訳の文章の調整で、一つの文章で一時間もとられてしまうのである。第四に、このように不できの状態でも恥ずかしさや他の学生に迷惑をかけているという意識が欠如していることである。

こんな状態でもゼミを開講する必要があるのか、こんな状態でも国際交流ができるのか自問自答の連続である。がしかし時にはＴＯＥＩＣ八〇〇点以上を取る学生が現れるので、そんな時はこちらも本気になるし、気分も晴れて素晴らしい結果に終わる。少しづつであるが、多国籍企業や在外公館に勤務しているそれなりのゼミ生も出てきた。頑張る学生には就職難はなく、もう少し多くのゼミ生が私との間で相互に影響を与えあう相互教育の形態を通じて、国際機関や国際企業で働くゼミ生になってもらいたいと思うこの頃である。教育というのは忍耐のいるものだと思う。

2　国際交流の理論的考察

交流という言葉は、日常茶飯事に使われている。スポーツ交流、文化交流、国際交流、地域交流、都市交流、大学間交流、人的交流などの用語は新聞などのマスコミにいつも登場している言葉である。しかし交流に対する理論的アプローチが欠けているように思われる。本報告では、国際交流の理論的考察を主眼に展開される(2)。

国際交流という言葉を二つに分けてみよう。「国際」と「交流」とにである。その場合、「国際」は範囲を表し、「交流」は存在のあり方を表している。ある研究者によれば、「交流の原理はあるものが、ある所から別の所へ移動することである。……人、物、情報などが移動することで、変化が起こり交流は始まる。」と述べている。その場合一つの存在だけでは成し得ないし、一つだけでも成り立たないことであり、相手があって初めて成り立つと述べている。このことは、交流主体の唯一性、絶対性ではなく、複数性、相対性を存在の原理として措定していることを意味している。したがって、交流主体の複数性が基底として措定され、それらの間の人、物、情報などの移動を交流原理と定義できる。このことから交流とは、相互関係、相互依存、相互存在、相互自律、相互進化などが重要な基本概念となる。次に、国際であるが、これは主権国家の範囲であると規定できる。今日、主権国家の大多数は国民国家であるから、国家を構成している政府、機関、団体、市民などの相互関係全体を国際の範囲に含めて良いであろう。かくして、国際交流とは、「国家を構成している政府、機関、団体、市民などの相互関係全体の人、物、情報などが移動し、変化が起こること」と定義できる。

次に、以上のような国際交流の現象は、単に人間の現象なのかそれとも自然現象なのかについて考察しておこう。もしそれが人間唯一の現象であるとすれば、普遍性あるいは一般性を抽出する事ができなく、単なる人間の特殊性とみなされるが、もしそれが自然現象であるとすれば、普遍性あるいは一般性を抽出する事ができ、理論化が可能となろう。ここでは国際交流の交流を自然現象であるとみなすことによって、普遍性あるいは一般性を抽出する事ができると述べておこう。その抽出方法を自然を構成する「自然・認識的存在」、すなわち「自然・認識的システム」のアプローチから展開してみる。

以上の論述から、国際交流の理論的アプローチは、サイバネティックスやシステム理論からの発展を見るシステム主義的アプローチが、個人主義的アプローチ、全体主義的アプローチよりもより理論的に普遍性と一般性を持っていることを論及するであろう。

3　人類の危機を教えてくれたローマ・クラブの先見性

先述したようにローマ・クラブ(The Club of Rome)の名称は、創設者アウレリオ・ペッチェイ(オリベッティ副社長経験者)を中心に最初の会合を一九六八年四月イタリア・ローマで持ったことに由来する。それは、世界から優れた科学者、経済学者、経営者などがローマに集合、産業の発達によって地球が病み始めており、われわれの孫までの世代がこのかけがえのない地球で生存できるのかといった危機感から複雑に絡んだ「地球問題症候群」の分析に取り組んだ非政府系の研究団体である。一九七〇年四月スイス法人として認可。創設以来、日本からは外務大臣経験者の故大来佐武郎ほか一〇名が参加した。日本ではローマ・クラブの総会が東京で二回、ローマ・クラブ地域会議が福岡市で一回、ローマ・クラブの若者中心の「フォーラム・ヒューマナム」が福岡市で一回開催された。一九八四年、アウレリオ・ペッチェイ会長の死後、世界的研究活動が減少し、二〇〇〇年にはヨーロッパで若干の活動が見られるだけになったが、ローマ・クラブが提唱した数々の具体案が現在、各国で具体的政策として実行されて来ていることから見ても、ローマ・クラブの先見性は高く評価されるであろう。

ローマ・クラブは、第一回目の報告書『成長の限界』(一九七二)によって世界的な存在が認知された。その報告書は、マサチューセッツ工科大学(MIT)のデニス・メドウズの研究グループがシステム・ダイナミックスによるコンピュータ・モデルで全地球の人口の増加による食料不足、産業による環境汚染や天然資源の枯渇などによって現在のままでの経済成長は不可能であるとした衝撃的報告書になったことによる。一九七〇年代までのバラ色の経済成長論に対して、ゼロ成長、持続可能な経済成長といった新しい考え方が提示された意義は大であった。続いて第二回目の報告書『転機に立つ人間社会』(一九七四)、第三回目『国際秩序の再編成』(一九七六)、第四回目『浪費時代を超えて』(一九七六)、第五回目『人類の目標』(一九八〇)、第六回目『限界なき学習』(一九八〇)、第七回目『効率型社会への道程図』、第八回目『マイクロ電子技術と社会』(一九八三)など次々に出版された。また世界でローマ・クラブに直接・間接に係わった人々の著書が少なくとも一五冊は出版されており、今日でも時々出版されてきている(3)。それは、ローマ・クラブが持続的成長、宇宙船地球号、地球社会、地球環境、自然保護、かけがえのない地球、地球的に考え・地域的に活動する、など次々に新しい考え方を打ち出してきたことによるであろう。

註及び引用文献

(1)　これまで伊藤ゼミで海外の諸機関を訪問し、国際交流を実現してきたのは以下の通りである。(韓国)高麗大学校、新羅大学校、(中国)青島大学、(香港)香港中文大学、(グアム)グアム大学、(ベトナム)ハノイ国家大学、ホーチミン国家大学、フエ大学、(タイ)タマサート大学、国連ESCAP、ILO事務所、(シンガポール)シンガポール国立大学、(インドネシア)ジャカルタ大学、インドネシア国際戦略研究所、(マレーシア)マレーシア国際戦略研究所、(ニュージーランド)オークランド大学、(米国)南カリフォルニア大学。単なる研修旅行はカナダ、米国、台湾。

（2）日本で国際交流の本格的な理論展開をされた著書は、高橋直子『国際交流の理論』（勁草書房、一九九七年）である。

（3）ローマ・クラブ関連の著書は以下の通りである。
Ervin Laszlo, *The Inner Limits of Mankind*, Oxford: Pergamon Press, 1978.
Alexander King, *The State of the Planet*, Oxford: Pergamon Press, 1980.
クロード・フユスレ、ピーター・ジェイムス、山本良一監修、佐々木健訳『「成長の限界」を越えて』（日科技研、一九九九年）

参考文献

伊藤重行『システム哲学序説』（[第八版]勁草書房、一九九九年）
伊藤重行『日本からの新しい文明の波』（勁草書房、一九九五年）
高橋直子『国際交流の理論』（勁草書房、一九九七年）
平野健一郎「ヒトの国際移動と国際交流」（『国際政治』一一四号、一九九七年）
K・W・ドイッチュ著、佐藤敬三他訳『サイバネティクスの政治理論』（早稲田大学出版部、一九八六年）
エバーハート・ツァンガー、服部研二訳『天からの洪水』（新潮社、一九九七年）
西園寺昌美・アーヴィン・ラズロー『あなたは世界を変えられる』（河出新書房、二〇〇二年）

第四章　心を考えて見る

地球マネジメント学会の第八回全国大会が東京の東洋大学であった。東洋大学は、東京・中野区にある哲学堂が象徴しているように東洋の哲学の研究の中心であった。今はどのような研究が盛んにされているか定かでないが、昔、A・N・ホワイトヘッドの『宗教の形成』(理想社刊、一九六七年)の訳者であった園田義道教授と斉藤繁雄教授がいたことを思い出す。このような伝統ある東洋大学で開かれた同学会の統一テーマは、「科学と超科学——宇宙と人間の環境と意識」となっていた。

これまで人間の心は、科学的対象として分析から排除されるか、あるいは超科学的で文学的、宗教的対象とされてきた。しかし現代の情報理論の発達から科学的対象としてではなくとも、心に対して何らかの新しいアプローチが可能である考えられる。本報告では、「心は情報を処理するシステムである」という視点から、心と外界との関係、心と宇宙との関係、心と環境の融合過程、心と意識などが論じられる。このことから、心は体とは異質の構造を持ち、「体のエネルギーを処理するシステム」のあり方とは異なることが論じられ、心は体に還元できなく、また体は心に還元できなく、心と体は相互作用し合っている全体であり、このあり方が宇宙的存在形式であることが論じられるであろう。

1　「エネルギーを処理するシステム」と「情報を処理するシステム」の融合した宇宙生命体

私は、神という用語を使わないようにしている。神は人間が作ったからだ。何をもって神とするかが問題だからでもある。また私の内面の心の中だけで感じ、考え、思っていることも自分の世界だけに納めて、口外しないようにしている。その理由は、他者に語ってもそのことを理解できないからである。大袈裟にいうことが公害になる可能性が高いからである。足裏診断で金儲けをしたり、山から取ってきた岩石から作った石像を売って金儲けしたり、人の弱みにつけ込んだり、人の手相を見て断定を下したり、自分の夢のような神秘体験を一般化して他人に押しつけることが嫌いだからだ。宗教の科学も過誤であり、また科学の宗教も誤りに属することが多くなるからである。せいぜい争いを多発させるだけだからだ。やはり語る筋道を大事にしたい、すなわち論理が大事であろう。こういえば、論理や言葉で語り尽くせない残余の部分があり、どのような語りも許される未知の部分があるといえよう。それは、ただ未知なのである。

このわれわれが目撃している大宇宙も未知である。それをどのように見るかは全く勝手なことである。どのような見方をしても、大宇宙のあり方がどれだけ多くの人や他の生物や、この宇宙的存在者に支持されるかが問題なのである。A・N・ホワイトヘッドは、この宇宙を「現実的実質」という概念で神をも含めて語り、E・ラズローは、響きあう宇宙の海という子宮の中で、宇宙は進化し、人間も宇宙進化のパートナーであり、宇宙が連続的に変化と進化を繰り返しているので神を持ち出さなくても良いという見解を出している。かなり優れた宇宙進化論である。G・ライルは、機械の中の幽霊の問題をカテゴリー錯誤として論じるが、しかしあまり関心をひく程の宇宙論を提示していない。A・G・ケアンズ - スミスは、分子生物学の限界を見ながら、生物化学、さらに地球化学の科学的アプローチを踏襲しながら、心を意識的過程と無意識的過程の両方を含む精神活動と見なしている。彼は、ミンスキーの「心とは単純に脳がすることである」の命題の中の「単純に」を否定し、そう単純ではないと述べ、宇宙進化の過程の中から心が現れてきたものと見ている。

私は、これまでの様々な研究からシステム哲学を構築し、システム的宇宙論を論理的に、ある意味では科学的に、またある意味では超科学的に、ただし非科学的ではない宇宙論に挑戦している。結論は、この宇宙は生命的システムであり、それは「エネルギーを処理するシステム」[1]と「情報を処理するシステム」[2]の融合したシステムとしての宇宙生命体である、が今のところの結論[3]である。

2　エネルギーを処理するシステム

大宇宙、小宇宙、銀河系、太陽系、自然、生物、人間など全ての存在は、自己安定化と自己組織化の過程を通じてエネルギーを処理しているシステムである。エネルギーを処理しているシステムのことをここでは物理システムと呼んでおこう。人間の脳を含む身体は、物理システムである。物理システムである身体は、時間―空間の連続体に現出した具体的システムとしての自然システム(アトム、素粒子、クォーク、細胞、有機体、地球、星など)に含まれる下位システムとして階層的に位置づけられる。また、同時に自然システムの時間―空間の連続体として現出した具体的システムとしての特性を保有している。その特性によって身体を論証しよう。

第一に、全体性と秩序を有する。自然システムは、熱力学の第二法則、エントロピーの法則に従う。しかしそれが具体的システムとして現出するには、その法則にさからう別のメカニズムを構造化しなければならない。そもそものメカニズムは、部分と部分の加算的総和ではなく、部分は、その部分を限定する関係によって実在するから、非加算的総和として表わされる。すなわちそのメカニズムは、組織原理(構造、自己方向付け、自己維持、コントロール、非加算性など)を保有している動的システムであり、構造および自己維持の側面は、秩序性を表わし、非加算性は、全体性を表わしている。身体もこの全体性と秩序を有している。

第二に、適応的自己安定化機能を有する。自然システムは、その階層的位置を存続させるためには、自己規制をする必要がある。その自己規制をするには、外部から何らかのエネルギーを受容しなければならない。そのエネルギーの変動を受けながら、みずからにとってはその変動がある種の情報としての意味を持ってくる。したがって、相対的に不安定の状態にありながら、自己規制という安定化機能によって定常状態を保つ。身体の自己規制は、二つの側面によってなされる。一つは、キャノンによって提唱された「ホメオスタシス」であり、もう一つは、「学習」である。前者は、身体と環境との間に成立し、コントロール値は、大脳に遺伝的、生得的に記録されている。換言するならば、この規制は、攪乱要因を減少させる負のフィードバック過程をとる。また身体の形態形成過程に起こる細胞増殖とその結果としての身体への成長は、進化ではなくて、ホメオスタシス的自己規制である。後者は、学習といっても人間の認識システム(心)による学習とは異なる。この学習は、自己規制の学習であり、ホメオスタシス的自己規制のコントロール値の変更をする学習である。たとえば、温血動物においては、環境の変化によって、心臓の鼓動、腎臓の機能、血圧、流血量などが変化する。もしこの環境の変化にもかかわらず過去のホメオスタシス的コントロール値に規制しようとするならば、死に向うだろう。しかし、そのコントロール値を変えることによって死をまぬがれる、すなわち新たなホメオスタシス的コントロール値が成立する。この過程の学習は、つねに形態維持の範囲内にある。したがって、この学習を適応的自己安定化機能に属する。

第三に、適応的自己組織化機能を有する。具体的システムとしての自然システムは、定常状態を維持するために適応的自己安定化を計るが、環境からの外因力を内的構造の再編力として再構造化することで新たな形質を出現させる。短期的には自然システムの定常状態は、ホメオスタシス的規制とある種の(ホメオスタシスのコントロール値の変更)学習によって規制されるが、長期的には、自然システムの定常状態は、外因力によって破壊されるか、または内的構造として再構成されることで新たな形質と新たな階層を形成する。後者は、進化と呼ばれる。進化は、適応的自己組織化の機能によってもたらされる。身体の現存は、この機能によってもたらされたといえよう。

第四に、重箱型階層性である。具体的システムとしての身体の物理システムは、地球を含むマクロ的階層性と地球に視点を置くことによってミクロ的階層性をもつ。身体は、自然システムに含まれる下位システムであるから、自然システムと同じく、階層性を有する。その一つは、身体の内的階層性である。その階層順位は、遺伝子↓染色体↓細胞核↓細胞質↓細胞組織となる。もう一つは、身体と外界、すなわち環境との間に生態系として外的階層性を構成している。以上のことから身体という物理システムは、「適応的自己安定・自己組織システム」と規定される。

3　情報を処理するシステム

大宇宙、小宇宙、銀河系、太陽系、自然、生物、人間など全ての存在は、自己安定化と自己組織化を通じて情報を処理しているシステムである。情報を処理しているシステムのことをここでは「認識システム」と呼んでおこう。人間の脳を含む心は、認識システムである。認識システムである心は、知覚、感覚、感情、意欲、性向、思想、記憶、構想などといった心的出来事の諸要素から構成され、物理的出来事となる領域、つまり環境を所与とする。物理的出来事は、認識システムの知覚と意欲を環境とのコミュニケーションの手段とすることによって脳に模写される。したがって、人間の経験の流れは、知覚

↓認識システム(脳を含む心的構成体)↓意欲↓環境↓知覚……となる。しかし、ここでシステム論的人間を導出するために、どうしても論及しておかなければならない問題がある。心としての認識システムは、われわれ人間だけに付与された特権であろうか。それはたしかに人間に現出した特質に間違いはないが、人間の経験の流れに合わせて見ればどのような人間にとっても絶対的な特権とは断言できない。すなわち、人間の経験の流れは、たしかに知覚↓認識システム(脳を含む心的構成体)↓意欲↓環境↓知覚……であるにしても、自然システムの構成要素に対してもこのような経験の流れが存在しないとは決していえない。われわれの認識システムからそれらの行動を物理的出来事として観察し判断をするならば、そこには人間の認識システムの構造および機能に類似のアイソモルフィックな認識システムが存在するといえる。すなわち素粒子にせよ、分子、細胞にせよ、それらは、環境との問でエネルギー交換をし、そのエネルギーを一種の情報とすることによって、それらは、適応的自己安定化、またある場合には適応的自己組織化を企てている。したがって、システム論内視角に立てば、自然システムの構成要素のそれぞれの階層性に対応して認識システムに統合と分化の度合の相異があるとはいえ、それが存在すると主張できるのである。したがって、人間の特権は、心としての認識システムの所有によって決定するのではない。また万物の霊長でもない。たんに自然システムの構成者であるにしか過ぎないのである。以上のようなシステム論的主張を確認した上で、心としての認識システムの説明に移ろう。

心としての認識システムは、物理的出来事を環境から受容して脳へ模写した後で、過去の心的出来事の構成体(総合的知識)によって意欲的に判断を加え、それを確認をしたり、あるいは不一致を生じた場合に環境に再放出し、もう一度物理的出来事として脳に模写する。ここで一致すれば、最初の物理的出来事が誤っていたのであるが、再び不一致をきたしたとき、つまり、過去の心的出来事が誤っていた場合、新たに認識システムの心的出来事の再構成をしたければならない。この過程が、いわゆる学習である。このように心としての認識システムは、動的システムであり、かつ自然システムの特性を所有しているということを論証しよう。

第一に全体性と秩序を有している。心としての認識システムは、もっぱら心的出来事の相互依存関係によって構成されているが故に、その要素そのものに関係性を切断して還元することはできず、また、身体に還元することも、もちろん不可能である。したがって、非加算的総和としての全体性と心的出来事の構成体としての秩序を有する。たとえば、われわれの思考は、知覚、秩序づけられた記憶または抽象的理念に基づく心的行為によって実行されている。もし心的行為が撹乱されたら、思考は、もちろん停止するであろう。とくに心的出来事の構成体が、秩序づけられていなければ、科学的理論の展開およびその発展は困難となり、また同じことが感情、情緒、性向などについてもいえる。

第二に、適応的自己安定化機能を有する。心としての認識システムは、知覚および意欲を手段として物理的出来事を脳に模写し、それを過去の心的構成体によって意欲的に判断する。すなわち、一般的にそれは、「確認」をする情報処理システムとも考えられる。たとえば、認識システムが、環境から新しいパターンの知覚経験をした場合、そのパターンを過去の心的出来事の構成体によって総合的に、かつ意欲的に判断が加えられる。この判断が加えられるということは、過去の構成体に含まれている価値、価値判断、美意識、意味など〈正否は別として〉によって脳に模写された物理的出来事を目的操作の対象にし得るということであろう。それは過去の心的出来事の構成体が認識システムのもつ知識の全体であったがため、無意識的にせよ、過去の心的出来事の構成体に重点が置かれていたからであるといえよう。以上のようにある「確認」をするという認識システムの行為は、そのシステムの内的再構成をしないから、それは、適応的自己安定化機能を有するといえる。

第三に、適応的自己組織化機能を有する。心としての認識システムは、過去の心的出来事の構成体によって、物理的出来事に意欲的、かつ総合的な判断を下す。その場合、不一致が生じたら環境にも一度放出し、環境(自然システムであるから他人の判断も入る)の何らかの効果をさきの物理的出来事に付着させ、脳にもう一度模写する。もしさきの物理的出来事とまた不一致が生じた場合には、過去の心的出来事の構成体を再構成しなければならない(この過程を何度も繰り返すとしてもよい)。それは、認識システムの「学習」でない、そこでも適応的自己組織化機能の働きがある。この機能を失なった認識システムは、第二の適応的自己安定化機能だけとなるが、その機能は、過去の心的構成体であるから、一般的に知識の発展を伴わないこととなる。より問題とすべきことは、認識システムの一方的な独断、強制、不一致の拡大によって、「世界」は、自己によって動かされていると錯覚することである。認識システムの心的構成体は、条件づけられ、条件づけていく存在であると知るべきである。ただし注意すべきことは、身体にとっての学習は、適応的自己安定化機能の働きであるが、心にとっての学習は、その構成体の再構成であるから、適応的自己組織化機能の働きだという点である。

第四に、重箱型階層性である。その一つは、認識システム、つまり心の内的階層性で、①無意識のレベル(条件反射的心的出来事の「痛い」、「暑い」など)↓②知覚的認識のレベル(①のレベルが、環境のある情報に対して受動的に反射行為をとるのに対して、②のレベルは、先有気質レベルで環境からのある情報に対して能動的に対応行為をとる。例えば、「九九の掛け算」)↓③表象のレベルは、社会文化の行為であり、きわめて複雑にからみ合っているが、少なくとも次のような下位レベルに分化可能である。つまり〈……①科学的行為のレベル、②美的行為のレベル、③宗教的行為のレベル……〉である。もう一つは、外的階層性である。それは、下位レベルの方向として、〈他人の心(＝認識システム)のレベル↓他の有機体の認識システムのレベル↓細胞システムのレベル原子・分子の認撃ステムのレベル……〉であり、上位レベルの方向は、もしコンピュータ(国家)＝物理的システムとそのコードおよびプログラム(人間認識システムからの模写である制度)＝認識システムの模写とを比較するならば、コンピュータの本体に対して、そのコードおよびプログラムを含むソフトウエアは、ある種の認識システムであるといえる。同様に、国家とその制度に構造的類似性(アイソモルフイズム)を見い出せる。もしこのことが正しければ、家族、民族、共同体、国家などが上位システムとなるであろう。以上のことから心としての認識システムは、適応的自己安定・自己組織システムと規定される。

註と引用文献

（1）　詳細は、伊藤重行『システム哲学序説』(勁草書房、一九八八年)の第三章以下に論じられている。

（2）　詳細は、伊藤重行『システム哲学序説』(勁草書房、一九八八年)の第三章以下に論じられている。

（3）　この結論、すなわち「エネルギーを処理するシステム」と「情報を処理するシステム」の融合したシステムとしての宇宙生命体は、一つのモデルとして適応的自己安定・自己組織システムと規定される。この規定は、生命の定義となる。この定義は、以下の定義から発展したものである。E・シュレーディンガー、岡小天・鎮目恭夫共訳『生命とは何か』(岩波新書、一九五一年)、フォン・ベルタランフィ、飯島衛・長野敬共訳『生命』(みすず書房、一九八三年)、清水博『生命を捉えなおす』(中公新書、一九九一年)。

参考文献

伊藤重行『システム哲学序説』(勁草書房、一九八八年)
伊藤重行『日本からの新しい文明の波』(勁草書房、一九九五年)
北川敏男・伊藤重行編『システム思考の源流と発展』(九州大学出版会、一九八七年)
北原貞輔・伊藤重行『日本的システム思考』(中央経済社、一九九一年)
A・G・ケアンズ - スミス、北村美都穂訳『心はなぜ進化するのか』(青土社、二〇〇〇年)
A・N・ホワイトヘッド、山本誠作訳『過程と実在』(松籟杜、一九八五年)

E・ラズロー、野中浩一訳『創造する真空』(日本文教社、一九九九年)
E・ラズロー、鈴木宏子訳『3rd新ミレニアムへの挑戦』(産調出版、一九九九年)
E・ラズロー、伊藤重行訳『The Systems View of the World(システム哲学入門)』(紀伊国屋書店、一九八〇年)
E・ラズロー、伊藤重行・草薙喜義訳『個人主義・全体主義・政治権力』(お茶の水書房、一九八五年)
G・ライル、坂本百大他訳『心の概念』(みすず書房、一九八七年)

第二部　二一世紀の思想を見る目

第五章　システムの存在論(Systems Ontology)

私が最初にサイバネティックス(Cybernetics)という学問に気づいたのは、米国出身のノーバート・ウィーナー(Norbert Wiener)という人物によってであった。彼は、英国のバートランド・ラッセル(Bertrand Russell)の下で研究し、バートランド・ラッセルの先生であったアルフレッド・ノース・ホワイトヘッド(Alfred North Whitehead)の数学論を応用した講義を米国のマサチューセッツ工科大学(MIT)で行い、そしてサイバネティックスという学問を構築した。その学問は、それまでの考え方を変える哲学、分析や統合のあり方を示唆する科学、さらには具体的に情報による自動制御装置の付いた機械を工作する工学・技術までを包摂する学問であった、ということが私に分かったのである。この最後の工学・技術に関しては、システム理論、情報工学、コンピュータ技術と深い関係にあるということは自明である。サイバネティックスは、私にとってこの世界の知識のあり方やシステムの意味を明確化すると同時に、この世界の究極性についても関心を向けさせることになった。

ここでは、われわれが直接経験する自然、宇宙、世界、社会、組織、生物などが、なぜ現れ、今ここに存在し、これからどうなるのか、さらにこれらを時空に表現する何らかの実在的あるいは非実在的究極なるものがあるのか、について論究しようと企図し、形而上学的アプローチを試行するものである。その形而上学的アプローチは、力ある超越的存在によって創造されたとするアプローチよりも、広く人々に受け入れられるであろう。またこのアプローチは、今日、現代文明を推進させていると信じて疑わない「力ある存在」を措定している人々にとってはあまりにも不毛な論究と思われるであろう。

このアプローチは、この世界を超越した存在者、絶対者、独裁者、神などを措定した全体主義的アプローチと、さらにはこの世界をもうそれ以上分けられない個物、個体、個人などから成り立っていると措定した個人主義的アプローチを批判し、それらよりも現代文明の形成に有効な、すなわちシステム主義的アプローチを指向しているものである。システムという概念措定がそのための第一歩である。ここにシステムの存在論の研究の意義があるのである。

1　存在論の変遷

この世界に「何故この自分のような人がいるのだろうか。あるいは何故社会、会社、地球、宇宙があるのだろうか」と考えるが、決して完全に自らを納得させる論理にめぐり合うことがない。ある人は、考えても考えても分からなく、神を信じる事にしたと思考の合理化をするであろう、またある人は、神を信じようとするこの自分の認識のあり方によって、神が信じられるのであるからこの自分のみしか存在しないのであると思考する人もいるであろう[1]。

存在を考察する場合、第一に、一つ一つの存在をユニークな存在者として区別してしまうか、第二に、一つ一つの存在を超越した存在者を導入する事によって存在を明らかにしようとするのか、さらには第三に、存在者同志の相互依存と相互浸透のあり方を存在と規定するかのいずれかであろう。最後のあり方が、システムを持ち出す理由になるのである。これまでの存在論の欠陥は前者二つの論理をめぐってなされていたところにあり、A・N・ホワイトヘッドの存在論は、最後の「第三に」で指摘したその論理を構築するのに極めて有効である。そこで、彼の構築した形而上学を持ち出しながら、世界の存在の究極性を考察して見ることは、哲学的に意義のある事と考えられる。すなわち、そうする事が、新しい世紀を建設していこうとする人々とこの世界を構成している全存在者にとっても極めて重要なことになるからである。A・N・ホワイトヘッドの哲学を援用しながらこの世界の究極的存在者を再考してみよう。

ところで究極的存在者は、一なのか多なのか、それとも一と多を含みながら創造的過程を時空的に進化していくものなのか、再考してみる必要がある。もし後者がこれからの世紀の権威と権力を正当なものとして受け継がれるとするならば、新しい究極的存在者は、新しい概念を必要とする。それは筆者の科学的・哲学的探究によれば「システム」(systems)と表わすことができる。私の現在の哲学的熟成と思考段階からすれば、システムの存在を一般的に論じ、日本の伝統、哲学、そして文化を世界化できる段階にきたといえよう。

2　A・N・ホワイトヘッドの哲学における究極的存在

A・N・ホワイトヘッドは『過程と実在』のなかで、彼の哲学を構成する主要な観念として、「現実的実質」(actual entitiy)、「抱握」(prehension)、「結合体」(nexus)、そして「存在論的原理」(ontological principle)の四つを掲げている。現実的実質は世界を構成する究極的な実在的事物と論述し、それの背後に何か別の存在があると探ってみても何もなく、神も現実的実在であると言明している。この言明の重要性を指摘するならば、神と世界が分割されていないという点である。そして神も世界の構成者であるという点である。このホワイトヘッドの考え方は、世界の背後に神があるとするものでない故に、世界が拡大していくにしたがって神が後退し、ついには神が無限後退していってしまう事を防ぐという事で評価できる[2]。別の視点から見ると、この世界が神と他の存在者との融合した多元的統合体から成立しているといっているのである。つまり、神の意志あるいは精神が他の存在者の中に入り込んで、そして融合し多元的統合体になって存在していると見るのである。この事はこの世界の構成者である実在的事物に意志あるいは精神が内包されている事を指し、したがって現実的実質にくまなく意志あるいは精神が内包されていると言及していることになる。意志あるいは精神を内包している現実的実質は何かを創り、また創られる存在なのである。ホワイトヘッドの現実的実質は、システムという概念で表す方がより広く、深い意味内容を持った形而上学となるであろう。「意志あるいは精神を内包している」は「自己あるいは自我を内包している」と換言でき、自然 - 認識システムの自己安定的 - 自己組織的機能と提示できる。

次に、「抱握」についてここでの詳細な説明はしないが、簡単にホワイトヘッドの説明を引用しておこう。彼は、現実的実質を分析し、そして区分することによって抱握を導出する。導出された抱握は、外界に関わりを持ち、ベクトル的性格を持つことになる。そういう性格には、情動、目的、価値づけ、そして因果作用をも含むものとしている。また抱握は、抱握しつつある主体、抱握される与件、その主体がその与件をいかに抱握をするかという主体的形式の三要因からなり、現実的実質の抱握には物理的抱握と概念的抱握の二つがある。積極的抱握を「感じ」(feelings)と呼び、消極的抱握を「感じから除去する」ことと論じている。

また、「結合体」は現実的実質が抱握し合って、含み合っており、そして共在していることを指し、このことは社会の成立を論じているのである。

ホワイトヘッドによれば、ロックの「力能」(power)と同じく、現実的実質を措定することが存在論的原理を明示したことになるとしている。

ホワイトヘッドは、神を現実的実質とし、それの多元性と同様に、神の多元性を論じ、神と世界の対立ではなく、対照性を論じていることに特徴がある。つまり、一のなかに多を含み、多のなかに一を含んでおり、そして連帯しながら創造過程を進化するとみているのである。

3　システムと経験と過程

システムの哲学は、システム科学、情報理論、サイバネティックスなどから発達してきた学問であるが、形而上学を論じるようになってきた。この哲学の構成する主要な概念は、「システム」(systems)、「自己安定性」(self-stabilization)、「自己組織性」(self-organiation)、「重箱型階層性」(chinese boxes)、そして「存在論的原理」である。システムは世界を構成する究極的な実在的事物となる。他言すれば、この世界の究極的存在者はシステムである、となる。この定義から、新しい形而上学を構築する事が可能となった。そのシステムは、物理的・自然的具体者と精神的・認識的具体者の統合体であり、換言すれば、自然的・認識的システムが究極的存在者といい直しても良い。そのようなシステムの自然的側面を統合する概念である自然システムは、外界からエネルギー及び物質を取り入れて、処理し、外界に放出しつつ、自らのシステムの安定化を図るとともに、ある時空の状態においては自らのシステムの内的構造を再編成して再組織化していく。また先述したそのようなシステムの認識的側面を統合する概念である認識システムは、外界から情報を取り入れて、処理し、外界に放出しつつ、自らのシステムの安定化を図るとともに、ある時空の状態においては自らのシステムの内的構造を再編成して再組織化していくのである。

　要約するならば、自然的・認識的システムは、外界からエネルギー及び物質、または情報を取り入れて、処理し、外界に放出しつつ、自らのシステムの安定化を図るとともに、ある時空の状態においては自らのシステムの内的構造を再編成して再組織化していくのである。自然的・認識的システムのエネルギー及び物質の欠如あるいは不足は、認識的システムの情報処理過程を通じて補足されるとともに、また自然的・認識的システムの情報の欠如あるいは不足は、自然システムのエネルギー及び物質処理過程を通じて補足される。このような自然的・認識的システムが、外界からエネルギー及び物質、または情報を取り入れて、処理し、外界に放出しつつ、自らのシステムの安定化を図るとともに、ある時空の状態においては自らのシステムの内的構造を再編成して再組織化していく事を自然的・認識的システムの「経験」と定義することができる。この意味で、この世界の究極的存在者である自然的・認識的システムとしての物理的・自然的具体者と精神的・認識的具体者は、経験実験者となり、この世界の時空に秩序を形成する事になるのである。

かくして、自然的・認識的システムが、外界からエネルギー及び物質、または情報を取り入れて、処理し、外界に放出しつつ、自らのシステムの安定化を図るとともに、ある時空の状態においては自らのシステムの内的構造を再編成して再組織化していく一連の経験実験者の一般的経験を「過程」と定義する事ができるのである。したがって、この一連の経験実験者の一般的経験の過程は、様々な経験実験者が相互に補足的であると同時に、自己発見的であり、さらには対立、紛争、紛糾、戦争などを部分的に内包しながら、共同、協力、平和、安寧などを全体的に外包し、絶対的価値としての生存と満足を追求しつつ、システム的進化をするのである。この一連の過程は、エントロピーの増大を削減しながら、宇宙進化の現象と符合することからシステムの存在論の成立根拠の正当性を保障するものである。

4　システムと存在

システムは、形而上学的には「もの」と「こと」の統合体である。それはまた物理的、自然的システムと心的、認識的システムの関係的統合体である、ともいえる。したがって、システムと言及する場合には個的存在のあり方のみならず、また超越的、絶対的存在のあり方にも加担するものではない。なぜならば、あるシステムは、より上位のシステムから観察すれば、部分システムの位置にあり、またより下位のシステムから見れば、全体システムの位置にあるからだ。全体システムは、部分システムに価値規範に関わる意味を伝え、部分システムに進入し、部分システムと共に生存する。部分システムは、全体システムに自らの価値規範と共存できる限りにおいて従い、相反する価値規範に対しては部分システム同士の価値連合によって反撃し、全体システムを変更しようとする。結果的に、全体システムは部分システムからの支持がある限りにおいて、存続できることになる。この部分から全体への方向性は、この宇宙の進化現象であるから真理である。

システムは、「もの」と「こと」の統合体であり、それはまたエネルギー、すなわち物理的出来事を処理する物理的、自然的システムと、情報、すなわち心的出来事を処理する心的、認識的システムの関係的統合体である、と述べた。他言すれば、それは、物理的、心的システムの統合体(人間レベルの場合は、身体的、心的システムの統合体)、より存在論的には自然、認識的システムの統合体であると一般化できる。そのようなシステム、すなわち自然、認識的システムの統合体を正確に記すならば、自然的・認識的システムとなる。また自然的システムは、自己安定・自己組織的システムであり、認識システムは、自己安定・自己組織的システムであると再限定できることから、自然、認識的システムは、自己安定・自己組織的システムであると再定義しても良いであろう。

このシステムは、この宇宙に、この世界にくまなく実在し、存在している。そのシステムは、常に相互に関係しあった中から異種のシステムを創造しており、システムの創造過程が大河になってこの宇宙を多元的に、多目的に、多時間多空間的に流れている。多元的に、多目的に、多時間多空間的に流れているシステムの接触点あるいは面に具体的名称を持ったシステムが形成されて、創発してくる。形成されて創発してくるシステムは、私的な主体的動機によって活動を強めたり弱めたりできるが、他の様々なシステムとの接触によって現れてきたシステムとなると、公的システムといえる。この段階では、相互のシステムは、相互依存関係によって相互に規制・限定しあっていることから相互主体性(あるいは相互主観性、間主観性といっても良い。いずれにせよそれを英語表現をすれば、intersubjectivityであるからだ。)という概念が妥当するであろう。

この相互に規制・限定しあうシステムは、なぜそうなるのかについては、そうすることによって相互のシステムが持続可能となるからであり、生存の価値が実現されるからである。この生存の価値は、どのようなシステムにとっても限定し、限定される価値であるから永久的過去からと、同時に永遠なる未来から規制・限定されていると解釈しても問題はない。これは、私の今使っているパソコンのこの、今の文章は、やはり今の時点から未来のあるべき目的を考えて記しているのであって、このことはまた未来からの今の私の思考への介入、進入の考え、限定を受けていると考えても良いであろう。この一連の過程にシステム相互の価値比較によってより洗練された宇宙システムの完成に向かって、それぞれのシステムが存在しているのである。

以上の言及した意味は、システムの哲学の存在論的、形而上学的、宇宙論的、宗教的、さらには認識論的原理を全面的ではないにしても、部分的に論じたことになる。

5　システムと神と神々

システムの哲学では、神もしくは神々が存在するとも断定できないし、また存在しないとも断定できない。ただ神は概念として、また考え方としてどのように考えることができるかという単なる言及する対象だけである。したがって、このような神への言及が意味があるか、ないかは読者の判断に待つしかない。

もし多くの哲学者や宗教家が飯の種にしているような、神の存在についてシステムの哲学、すなわちシステム哲学がどのように考えているのかと問うならば、それなりの回答を出しておかなければならない。その回答は、「神はシステムである」、もう少し厳密にいうならば、「神は常に神々であり、それらはシステムである」ということになる。システムは常に複数のシステムズであるから、神も常に神々なのである。したがって単一の創造者としての神の存在は結果的に否定されているか、あるいは初めから問題にされていない。以上のことから、単一の神を含めた神々はシステムである、と結論できる。このことから神々を対象とする宗教に対してシステム哲学は、言及できることになる。

「神々はシステムである」ことを説明あるいは勝手に解釈してみよう(どんな宗教であろうとこの程度の表現しかできないはずだ。それ以上などという方が現れるならば、危険、危険、赤信号そのものだ。最も大事なことは、個々人が神々の解釈能力を持つことだ。そして黙って生きればよいのだ。教祖などは狂祖であるから、要注意である)。システムとは、その言語的意味からして「一緒になってある」、「まとまってある」という意味である。神もしたがって「一緒になってある」、「まとまってある」という意味になる。このことから神々は、「一緒になってある」、「まとまってある」ことそれ自体を指し、共生の考え方である。

神は、自然・認識システムであり、また自己安定的・自己組織的システムである。より厳密には神々は、自然・認識システムであり、また自己安定的・自己組織的システムである、と言及できる。宇宙論的に、この宇宙には、自然・認識システムが究極的に存在し、より機能的表現をとれば、自己安定的・自己組織的システムが存在するといえる。自然・認識システムの自然システムは、この宇宙の物理的出来事を処理するシステムであり、自然・認識システムの認識システムは、この宇宙の情報的出来事を処理するシステムである。このような統合した自然・認識システムは、この宇宙の物理的出来事を処理しながら、そしてまたこの宇宙の情報的出来事を処理しながら、自らのシステムの安定を図り、ある状況下では新しい世界構築に向かって自らを再編しながら、新しい世界に向かって創発していく進化発展するシステムである。人間が概念として作り出した神もしくは神々は、一方に人間社会の統合をもたらしたが、他方で紛争、破壊、戦争、偏見、差別感をもたらした。平成一五年、つまり西暦二〇〇三年に至って神は、神々と共に手を取り合う協力的神あるいは神々に結果的になってきた。このことは、神の原初的本性は、結果的本性から見て、神ではなく、神々であったことの証しであり、ホワイトヘッド的にいえば、神の結果的本性からして協力する神々であったのである。

もし神は別の神から物理的出来事と情報的出来事を入力し、それらを無意識的、意識的に判断し、出力し、他の多くの神々と安定した世界を作る。しかしその世界がまた別の世界の神から挑戦あるいは勧誘があったならば、それらに入力し、無意識的、意識的に判断し、出力する。これら両世界に共通の価値の一致があれば、前の両神の環境を新しい世界の中に地図化し、次に企図化し、繰り返すことによって、新しい協力する神を作り出す。この過程で価値の一致が見出せない神とは、共に歩む神ではなく、別れていく神となる。神や神々にも、絶対的価値はなく、神や神々の共通の価値、協力の価値が協力の神々の世界と秩序を作り出し、創発していくのである。神や神々は、協力していくことによって神や神々の協力を生み出し、友となり、平和な神々の世界を形成することになる。このような形成された世界では、神々と共に神々が生き、生かされており、万物のひとつずつが中心となった共生の世界と秩序が形成される。そして相互に依存しながら、相互教育を通じて相互主体の中から新しい神々が形成され、協力を生みだしてくる過程的な神々、すなわちシステムの神と神々、さらには神と神々のシステムが形成されると同時に、また形成の過程を歩むのである。

以上のことから、システム哲学はシステム教に言及できるのであると述べておこう。ただしシステム教は、システム狂の範囲を超えることができないので、教祖も狂祖を越えていないだろう。このことからこの狂祖は、教団ではなく、狂団を造ることなく、「狂祖一人、信者一人」のシステム狂で良しとしているのである。組織的宗教集団は、いつの時代でも要注意である。

6　A・N・ホワイトヘッドの哲学とシステムの哲学を比較した結論

ここでは、A・N・ホワイトヘッドの哲学とシステムの哲学を比較することによって、それらの構造的類似性を考察してみた。そしてシステムの存在論の成立根拠を探ってみた。システムの哲学は、この宇宙を生命的現象を表象している自然的・認識的システムを究極的存在者とし、それは、外界からエネルギー及び物質、または情報を取り入れて、処理し、外界に放出しつつ、自らのシステムの安定化を図るとともに、ある時空の状態においては自らのシステムの内的構造を再編成して再組織化していき、またそのような自然的・認識的システムは、そのシステムのエネルギー及び物質の欠如あるいは不足は、認識的システムの情報処理過程を通じて補足されるとともに、またそのシステムの情報の欠如あるいは不足は、自然システムのエネルギー及び物質処理過程を通じて補足されると論究するのである。それは神がやっているかどうかではなく、そのようなシステムがそのようにやりながら、この世界に現れ、また表しているのでもある。システムの哲学は、この宇宙を生命的現象として捉えると同時に、エネルギー及び物質、さらに情報を必要条件であると同時に、十分条件でもあるとした点で二一世紀の哲学として人類史に残るであろう[3]。システムの哲学は、特に存在論と認識論との統合をもくろみながら、その可能性をここでささやかに論じてみた。

註及び引用文献

(1)　存在についての優れた論説は、以下のものから得られるであろう。沢田允茂『昭和の一哲学者』(慶應義塾大学出版会、二〇〇三年)。

(2)　この神と現実的存在について、荒川善廣『生成と場所——ホワイトヘッド哲学研究』(行路社、二〇〇一年)の第四章に触発された。私は神と使わなくても、それをシステムと使うことによってその原初形態がカオスとすれば、宇宙創造が説明できると確信するようになった。

(3)　私は常に、新時代の哲学の建設に向かって研究してきた。そのことが最近中国の研究書の中で取り上げられていることが分かった。次の日本語訳に載っている。卞崇道編著、本間史訳『戦後日本哲学思想概論』([中国社会科学院]農山漁村文化協会、二〇〇〇年、三七頁)。

参考文献

伊藤重行『日本から新しいの文明の波』(勁草書房、一九九五年)
A. N. Whitehead, *Process and Reality* (Corrected Edition), NY: Free Press,　1978.

A・N・ホワイトヘッド、山本誠作訳『過程と実在(上、下)』(松籟社、一九八四・八五年)
J. L. Nobo, *Whitehead's Metaphysics of Extention and Solidarity*, Albany: State University of New York Press, 1986.
伊藤重行『システム哲学序説』(勁草書房、一九八八年)
卞崇道編著、本間史訳『戦後日本哲学思想概論』([中国社会科学院]農山漁村文化協会、二〇〇〇年)
伊藤重行「システム哲学とシステム的世界観について」(『哲学』三二号、一九八二年)
間瀬啓允『エコロジーと宗教』(岩波書店、一九九六年)
Shigeyuki Itow and Yamakawa, N, "Self-Organizing Leadership in Japanese Management," *CYBERNETICA*, vol.36, no.2, Namur (Belugium), 1993.
Shigeyuki Itow, "Views On Asia-Pacific Order," *ASIA-PACIFIC ECONOMIC REVIEW*, no. 3(4), Hanoi, Vietnam, 1994.
Shigeyuki Itow, "The Philosophy of Asia-Pacific Region: Individualism, Collectivism, or Systemism," Collected Papers, Edition by B. Kim, 1996.
Shigeyuki Itow, "The Business Order in Asia-Pacific Region," *The Asian Manager*, Manila: Asian Institute of Management (CD-Rom).
Shigeyuki Itow, "Systems and Reality in Whitehead's Theory," (unpublished paper), presented at the 1999 International Conference, Fairfield University, Connecticut, U.S.A.
田中裕『ホワイトヘッド』(講談社、一九九八年)
宮内海司『共生の哲学』(情況出版、二〇〇〇年)
山本誠作『ホワイトヘッドと現代』(法蔵館、一九九一年)
M・デーヴィドソン、鞠子英雄・酒井孝正共訳『越境する巨人ベルタランフィ』(海鳴社、二〇〇〇年)

石川昭、奥山眞紀子、小林敏孝編『サイバネティック・ルネサンス』(工業調査会、一九九九年)

Nobert Wiener, *Ex-Prodity---My Childhood and Youth*, MA: MIT Press, 1964.

たと、私の友人の社会システム論者、ウォルター・バックレイ(Walter Buckley)が語っていた。またタルコット・パーソンズの社会システム論の概念的枠組みが、ホワイトヘッド哲学の枠組みを援用したものであろうという指摘がトーマス・J・ファラロ(Thomas J. Fararo)によってなされている(3)。この指摘を調べてみると真実のようなので、もしそうだとすれば、タルコット・パーソンズはホワイトヘッドを発展させたものといえよう。

私にとって、ホワイトヘッドは何しろ六三歳から米国・ハーバード大学の哲学教授に招聘されてから、彼からほとばしり出てくる世界解釈と形而上学の建設、そして多くの平凡人が定年後、消えていってしまうにもかかわらず、ホワイトヘッドの場合は、この六三歳からの第二の人生にもう一つの花を咲かせたあのエネルギーはどこから来たのか、と強烈な印象が残る。これは生き方の違いなのかと思えることだ。私が彼に聞いてみたいことは、戦争と平和、悪と善の価値の区別、動物よりも人間の方が誤謬が多いと思われる根拠は何か、デモクラシーの発展に彼の哲学はどのように係わるのか、である。すなわち、彼の形而上学と政治思想との係わりについて論及してみたいのである。

日本でも、最近以下で触れているようにホワイトヘッドの研究者が増えてきた。ホワイトヘッド学会まで創設されているし、米国のカリフォルニア・クレアモントにあるプロセス研究センター、ベルギーにあるルーヴァン大学などが世界のホワイトヘッド研究者が集まっているところといえよう。いろいろな国際会議で最近、ホワイトヘッド研究者と出会う機会が多くなってきた。

2　ホワイトヘッド哲学との出会いからホワイトヘディアンになるまでのこと

ホワイトヘッドとの出会いについてここで簡単に記してみよう。そしてどのようにして彼の哲学に関心を持つようになっていったか、またホワイトヘディアンになるまでのことについても言及してみよう。

第一に、私は神田駿河台の明大大学院に通って、サイバネティックスとシステム理論を研究していた一方で、神田の古本屋で大島豊の『現代哲学の発達』、『宇宙論』、そして植田清次の『アングロサクスン哲学の伝統』を偶然見つけ、立ち読みしていて、ホワイトヘッドが紹介されているのでこれだと思うようになったのだ。この直感は大事なことで、それまでサイバネティックス関連のほとんど全ての論文を集め、読んでいたから直感が働いたのだと思う。サイバネティックスやシステム理論の背後にホワイトヘッドがいるということが分かったのである。その後、学友の隅田忠義がコリン・ウィルソン(Colin Wilson)の『アウトサイダーを越えて』『宗教と反抗人』の中で、ホワイトヘッドが扱われていると教えてくれた。彼はヒューム研究者であったので、その後別々の方向に進んでいる[4]。

第二に、その後大島豊は、明治大学で哲学教授として教鞭を取っていたと分かって、私が習う機会がなかったので残念であった。私が習った時にはもういなく、あまり印象が残らない哲学を講義していた先生であった(ただし、当の先生が悪いのではなく、私の頭の悪さと不勉強がこのような印象しか持たなかったと今は思っている)。また私が学んでいた頃は、あまりにもマルクス・レーニン主義がはびこっていて、私は流行に乗らないか、あるいはどうも自分で納得しないとダメな人間のようだと思っていた。しかしこの大島豊先生と出会った人に、北海道池田町のワイン町長丸谷金保氏、その丸谷金保町長の弟子に、あの第八一代内閣総理大臣・村山富市首相がいるのであるからおもしろいことだ。この話は、村山富市元総理に直に聞いたことである。

第三に、市井三郎の『ホワイトヘッドの哲学』(5)を池袋の豊島区立図書館で見つけ、それを読み、当時の成蹊大学に会いに行ったらもうそんな研究をしていないと言われ落胆して帰った記憶がある。そうしている内に、東京工業大学の藤川吉美のホワイトヘッド研究を知り、交流するようになった。今でも忘れない事柄に、鶴見俊輔の「四十年たって耳にとどく」(6)という小論であった。あんなに英語のできるハーバード大学卒業の彼がホワイトヘッドの最後の「不滅性」という講話を直接聞き、何を言っているかピンとこなかったが、しかし四〇年も経っても頭から離れない話であったと記していた。私は、そんなホワイトヘッドに何か魅力を感じさせるものがあった。後日、鶴見俊輔に福岡で会った時に、その話を聞いて見たら、本当にそうであったので不思議であったと語っていた。

第四に、日本の政治学会で、ホワイトヘッドを少しでも扱った研究者として挙げるならば、藤原保信だけである。彼は一九八五年に出版した『政治理論のパラダイム転換』の中の「機械論的自然観を越えて

――新しい有機体的自然観へ」で、ホッブスなどの政治哲学を機械論的自然観に基づいているとして批判し、ホワイトヘッドのような有機体的自然観に基づいた政治理論と政治哲学への変更を迫っている(7)。彼とは早稲田大学で開催されたある学会で、多少このホワイトヘッドのことで議論したが、それで全てが終わってしまった。彼はその後、病気になり、残念ながら昇天してしまったのである。

第五に、私のシステム哲学は、サイバネティックスやシステム理論から発展してきたもので、その背後に、ホワイトヘッドが潜んでいることがこれで理解できたと思う。このシステム哲学について、日本哲学会の廣松渉氏よりオリジナリテイがあると高い評価をいただいたり、また澤田允茂氏の貴重なコメントをいただくなど、若手の私にとってどれも貴重な励ましであったと同時に、貴重な体験であった(8)。最近、日本の世界的なホワイトヘッド研究者、田中裕が、私のシステム哲学とホワイトヘッドの関連について気が付いて、それをホワイトヘッドの関連研究として扱い始めている。ホワイトヘッドと環境問題について研究している間瀬啓允、ホワイトヘッドと西田幾多郎の関係についての研究は、山本誠作、花岡永子によってなされ、世界的な評価を受けている。西田哲学に基づく政治思想、政治哲学の研究が、日本発のオリジナルなものとして発信されることが待たれる。また浄土真宗の仏教研究者、武田龍精のホワイトヘッド研究は世界的な研究として高い評価を得ている。このように日本のホワイトヘッド研究は地味であるが、それぞれ極めて独創的な研究であり、世界に通用する研究成果であるために高い評価を得ている(9)。それもホワイトヘッド研究者には外国語にたけている人が多いからでもある。

第六に、サイバネティックスの創始者、ノーバート・ウィーナーの友人であり、同僚のカール・ドイッチュは、サイバネティックスを彼から学び、政治理論の再構成に応用した。私は、カール・ドイッチュの研究もしてきたし、彼の古典的名著『サイバネティクスの政治理論』(原書 Nerves of Government) の翻訳書の出版にも関わってきた[10]。もう一方の政治学者、デーヴィット・イーストンは、社会学者のタルコット・パーソンズとの交流や一般システム理論家のフォン・ベルタランフィーとの交流によって政治システム論の構築に向かったといわれている[11]。しかしホワイトヘッドが絡んでいることの言及があまりない。ノーバート・ウィーナーは、イギリスに行き、バートランド・ラッセルの下で数学、数理論理学、特に大共著『数学原理』(Principia Mathematica) を研究した。この大共著は、バートランド・ラッセルの先生であったホワイトヘッドとの共著であり、その後の記号論理学、コンピュータ言語、情報理論に大きな影響を与えた。ホワイトヘッドはイギリスでの定年後、六三歳からハーバード大学の哲学教授に迎えられ、そこでの影響がどんなものであったかは次のような著作『ホワイトヘッドの機知と智恵』『ホワイトヘッドの対話』を見ると分かる。ホワイトヘッドが開いた会合に社会学者のホマンズやあの有名なノーベル経済学を得たポール・サムエルソン (Paul Samuelson) が参加していたと記されている[12]。またホワイトヘッドはハーバード大学のヘンダーソンに誘われ、ハーバードビジネス・スクールでも講義などしていた。経営学の方では、ホワイトヘッドとの関連でチェスター・バーナード (Chester Barnard) が良く取り上げられる[13]。このようにホワイトヘッドは、サイバネティックスやシステム理論の台頭に結びつく基礎や原理を提供していたということが理解されると思う。

第七に、ホワイトヘッドは「もの」的世界よりも、「こと」的世界に注目し、視点を移させた哲学者である。その根拠は、あの「出来事」(event)の概念から明らかである[14]。出来事は生まれてきて、泡のように消えて行くものである。その性質は情報と似ている。「こと」的世界は、情報的世界であり、「もの」的世界の物質偏重とは異なる。したがってホワイトヘッドの系譜からサイバネティックスが生まれてくる根拠でもあり、またその後の記号論理学、コンピュータ科学、情報理論などの発展に寄与したこともまた理解されるであろう。

第八に、約二〇年前に、私は福岡で研究生活を送るようになった。そこには、あのノーバート・ウィーナーの友人の北川敏夫博士がいた。彼は、世界的な統計学者であり、数学の限界を知ったサイバネティックスの専門家であった。また彼はノーバート・ウィーナーを福岡に招待した人物でもあり、文献で彼のことを知っていた。彼はまたホワイトヘッドを良く知っていたのだ。こんなことがあったり、また北川敏夫博士の直弟子の北原貞輔博士の推薦もあったりで、私は晩年の北川敏夫博士との共著『システム思考の源流と発展』[15]を世に出す機会に恵まれた。こんな幸運は、人生に多くはないことだ。今思うに、願いはかなえられるということ。かなえられるようにいつも自分を訓練しておくことが大事だと学んだ。

第九に、以上に述べたことによって、私がどうしてホワイトヘッドを研究してきたか、そして何故今、ホワイトヘッドを書きたいのかが理解されたであろう。ホワイトヘッドは「これまでの哲学研究はプラトンの脚注作りである」とか頓知の利いた名句を多く残している。それらの名句は、A・H・ジョンソン編の『ホワイトヘッドの機知と智恵』[16]にまとめられている。彼とは、彼がカナダのウェスタン・オンタリオ大学の最後の頃に数回の手紙の交換があった。その後、ハリファックスの大学に勤めている彼の娘から父が逝去したという手紙をもらった。私の長い間のシステム哲学の研究と構築から、この辺でホワイトヘッドの研究へと進んでも良いであろう。

註及び引用文献

（1）　一九四五年以降に、日本ではバートランド・ラッセルのような政治的左翼が評価されていて、彼の先生であったホワイトヘッドには関心を示さなかった。東京よりも哲学の本場の京都で盛んに研究されていた。

（2）　この関係については、拙著『システム哲学序説』(勁草書房、一九九八年)七章で論じている。

（3）　伊藤重行『システム　ポリティックス』(勁草書房、一九八七年、二六六～二六七頁)。

（4）　大島豊『現代哲学の発達』(第一書房、一九四五年、三〇五～三〇九頁)。

大島豊『宇宙論』(第一書房、一九四七年、二六、八〇、二八四、三九八頁)。

植田清次『アングロサクスン哲学の伝統』(東京堂、一九四七年、一六一～二一三頁)。

コリン・ウィルソン、中村保男訳『アウトサイダーを越えて』(竹内書店、一九六六年、第三章)。

コリン・ウィルソン、中村保男訳『宗教と反抗人』(紀伊国屋書店、一九六五年、第九章)。
(5)　この書は、最初、弘文堂のアテネ文庫として出版されたが、第三文明社版から再版される際、まず第一章が削除、そして新版に付論として「戦争と平和を巡る思想」が加えられた。
(6)　鶴見俊輔の「四十年たって耳にとどく」は、彼の『本と人と』(西田書店、一九七九年)に再録されている。
(7)　藤原保信『政治理論のパラダイム転換』(岩波書店、一九八五年、一一一～一一八頁)。
(8)　廣松渉「日本の哲学会は今？」(『理想』第六四八号、一九九二年、二一二頁)。
澤田允茂「序文」(ラズロー著、伊藤重行訳『システム哲学入門』紀伊国屋書店、一九八〇年)。
(9)田中裕『逆説から実在へ』(行路社、一九九三年)。
武田龍精「大乗仏教とホワイトヘッド哲学」(『プロセス思想』創刊号、一九八五年)
間瀬啓允『エコロジーと宗教』(岩波書店、一九九六年)
山本誠作、花岡永子「文明論の問題」(『ホワイトヘッドと文明論』行路社、一九九五年)
山本誠作『ホワイトヘッドと西田哲学』(行路社、一九九五年)
(10)　カール・ドイッチュは、政治理論にサイバネティクスを応用した最初の研究者である。彼の古典的名著『サイバネティクスの政治理論』[伊藤他訳、早大出版部、一九八六年](原書 Nerves of Government)は、世界的評価を得ている。
(11)　デーヴィット・イーストンは、政治システム論の研究者として著名である。彼の最後の研究書『政治構造の分析』(山川雄巳監訳、ミネルヴァ書房、一九九八年)が出版された。
(12)　R・プライス編、岡田雅勝・藤本隆志訳『ホワイトヘッドの対話』(みすず書房、一九八〇年、二一三頁)。

(13) 村田晴夫『情報とシステムの哲学』(文眞堂、一九九〇年)の第六章を参照。

(14) 田中裕のホワイトヘッドの「出来事」の解説の中で、それを閉鎖系ではなく、開放系として解釈することに私は賛成している[参照、田中裕「ホワイトヘッドの『科学と近代世界』」(村上陽一郎編『現代科学論の名著』中公新書、一九八九年、九頁)]。私がシステム哲学を構築するときに、ホワイトヘッドの出来事及び現実的実質を開放システムとして解釈し、論理を組み立てたのである。

(15) 北川敏夫・伊藤重行『システム思考の源流と発展』(九州大学出版会、一九八七年)。

(16) A. H. Johnson(Ed.), *The Wit and Wisdon of Alfred North Whitehead*, Boston: The Beacon Press, 1947.
この原著は、晩年の彼から拙者に寄贈されたものである。彼を招待したが年老いて日本まで行けないという断りの手紙をいただいた。間もなく、彼の娘のハリファックスにあるセイントメリーズ大学教授シェラ・キンドレド博士から父が一九八三年十月二九日に逝去したという手紙をいただいた。

参考文献

A. N. Whitehead, *Process and Reality* (Corrected Edition),NY: Free Press, 1978.

J. L. Nobo, *Whitehead's Metaphysics of Extention and Solidarity*, Albany: State University of New York Press, 1986.

Shigeyuki Itow and Yamakawa, N, "Self-Organizing Leadership in Japanese Management," *CYBERNETICA*, vol.36, no.2, Namur (Belugium), 1993.

Shigeyuki Itow, "Views On Asia-Pacific Order," *ASIA-PACIFIC ECONOMIC REVIEW*, no. 3(4), Hanoi, Vietnam, 1994.

Shigeyuki Itow, "The Philosophy of Asia-Pacific Region: Individualism, Collectivism, or Systemism," Collected Papers, Edition by B. Kim(in preparation)
A・N・ホワイトヘッド、山本誠作訳『過程と実在(上、下)』(松籟社、一九八四・八五年)
伊藤重行『システム哲学序説』(勁草書房、一九八八年)
伊藤重行『日本から新しいの文明の波』(勁草書房、一九九五年)
伊藤重行「システム哲学とシステム的世界観について」(『哲学』三二号、一九八二年)

第七章　ホワイトヘッドの政治理論
――サイバネティックス・アプローチの形成

ホワイトヘッドの政治理論は、政治的決定に至るまでの政治過程を重視する考え方である。それは、ホワイトヘッドの「出来事」や「現実的実質」の論理展開から出てくる形式であり、より技術的、工学的に考察すれば、サイバネティックスの一連のフィードバック過程としてとらえることもでき、今日の情報理論、システム理論として発展的に捉えることもできる。

1　ホワイトヘッドの哲学と政治学の始まり

これまでホワイトヘッド(Alfred North Whitehead)に関する入門書、宗教哲学や社会哲学、そして教育哲学、さらには文明論などに関する多くの論文や著書が出版されてきた[1]。しかし、彼の政治理論、政治哲学、さらには政治思想に結び付く本格的な研究は、日本ではこれが初めてである。拙者によってこのような試みができるのは、文明を決定づけていく一方の政治のサイバネティックスの発想と、また同じく文明を決定づけていくもう一方の技術としてのオートマトン(自動機械)の発想がホワイトヘッドの哲学の現実的実質(Actual Entities)の概念の中にあると見ているからである。この意味で現実的実質は、サイバネティックスに発展し、オートマトンともなり、また自己安定 - 自己組織的システムともなる。この定義は、政治的多元主義、文明や文化の多元主義、宗教的多元主義、多様の中の統一があるシステム主義へと方向付け、地球文明全体のデモクラシーの発展に貢献することになろう。もっと重要なことは、本章の「おわり」で述べたことだが、ホワイトヘッドが神と経験世界を関連づけるために現実的実質を措定することによって、神を信仰している人、信仰していない人、人間として生きるために神を必要とする人、それを必要としない人、仏を信じている人、経験世界を研究している人、極く普通の人、経験世界に生きるの様々な現実の地球上の人々などに、四つの選択肢を与え、どの入り口から入ってもお互いに握手をできるように政治的に秩序化したことである。このことは、地球的秩序の形成と地球的統合の根拠を与えたことになるであろう。それでは以下で、ホワイトヘッドの自然哲学期における重要な概念である「出来事」と「有機体」について考察してみよう。

2　ホワイトヘッドの自然哲学における出来事(Events)と有機体(Organism)

彼の出来事を現時点で考えてみれば、その概念によってサイバネティックス、コンピュータ科学、システム理論にとって基本的な「情報」概念を浮かび上がらせる役割を担っていたといえよう。情報と同じように、出来事は、「こと」的世界を表すのに全く適切な用語である。出来事は彼の自然哲学期に現れた概念であるが、それまでの強固な原子論が破綻し、量子論の台頭が背景にある。この変化によって学問のあらゆる分野で単純性よりも複雑性、連続性よりも非連続性、線型よりも非線型、部分性よりも全体性、分析よりも総合、非生命体よりも生命体、固定性よりも流動性、安定性よりも変動性、等々へと視点が移って行ったのである。一語でいうならば、強固な原子論に支えられた機械論的思考から複雑に絡み合った生命ある有機体的論的思考への転換といってもよい。ホワイトヘッドは、この転換を既に見とっていたのである。そこでホワイトヘッドは、出来事という概念を導入したのである[2]。

彼は、数学者でもあったから数学の点の概念のように、それ自体自己完結し、他の点との関係を持たないで時間と空間に絶対的位置を占めている存在を所与の前提とすることにどうしても賛成することができなかった。むしろその点は、ある事態から抽象化され延長した人間の意識(彼の用語では認知)によってもたらされたものと措定したのである。彼にとっては、そのある事態の方がより重要であったのである。その事態を表現する概念が出来事なのである。そして出来事の複合体が自然であるとし、彼は、そのことを「自然の究極的事実なるものは時空関係によって互いに関連した諸出来事である」と述べていることからも明らかである。

それでは自然を構成している出来事とは、どのような概念内容を持っているのだろうか。彼によれば、それは、まず関係性抜きで静的な実体を否定するものとして導入され、その動的側面に力点が置れている。彼は、自然そのものを出来事の複合体と措定し、われわれの知覚、感覚的、科学的対象化は、出来事の性質として眺め、出来事は、対象間の関係として眺めている。そしてこの関係(同質、異質を含めた)こそが基本的なるものとしている。その関係の中でも同質的関係(異質的関係は異なったタイプの自然の要素を関係づける)から自然が延長し、それを構成してい各出来事に部分と全体のあり方が生じてくる。この延長が空間的関係となって結果すると現実の事態となり、時間的関係となって結果すると生成を生じさせる推移あるいは創造的前進を生み出す元になる、と述べている。

以上のようなホワイトヘッドの提起した出来事は、われわれに何を語り示唆しているのであろうか。まず第一に、自然とは、動的な出来事から構成され、現れ、創発しつつ推移し、決して可逆的な性質を持っていないということ。つまり自然は、反復もしなく再現もしない推移(過程)をとるものと考えている。

第二に、彼の出来事は、延長として現に今ある出来事の一つが他の出来事との関係を見い出し、新たな出来事を創発し、その創発した出来事の部分になる場合がある。このことを彼は「三十秒間の持続は、この一分間の持続の部分である」と言明している。動的な出来事から構成されている出来事は、相互に関係しあっていることを強調したかったのである。

第三に、出来事は、あの推移の中で変化する部分と変化しない部分がある。変化する部分は、未来の具体的な現実性、つまり、「自然の創造的前進」の結果として現出する出来事を指し、それに組み込まれて残って行く部分としての出来事、これは変化しないのである。つまりある出来事を部分性の契機から見ると変化しなく、全体性の契機から見ると変化するものと見るのである。これは出来事の受動的条件と能動的条件を見ようとしているのである。前者は出来事の同質的関係から生じ、後者は、それの異質的関係から生じると解釈ができる。

第四に、出来事は、創造的前進、推移の結果として多数の諸々の出来事を創発させることとなる。それらの出来事は、結果的に自然の複雑な豊かさを生み出すことになる。ある出来事は、別の出来事の部分となり、ある出来事は、また全体にもなる。このようにしてより上位の全体的出来事と、より下位の部分的出来事を創発させ、複雑性を高め、またそれと同時に複雑性の次に相互関係を持ちながら単純化を図るのである。生きた変化とは複雑性と単純性を繰り返し、創発しながら進化発展していくものなのである。

第五に、このように複雑性と単純性を繰り返しながら、創発し進化発展していく過程をとる存在を彼は、有機体と呼んでいる。彼の時代にあってこの世界、宇宙などを生きた生命ある存在として表現する言葉が有機体であったのだ。それは死んだ世界や機械のように意志がなく動かされる存在からの脱却を早めるものとしてとして選択された言葉である。この有機体は、スペンサーの社会有機体説やダーウィンの進化論に組みするのではなく、今日的意味での生きたシステムを指し、その思考は環境問題を解決できる共生の哲学と結び付く(3)。

以上のことから出来事は、彼の自然哲学期の重要な概念であったことが分かる。私の宇宙論は、この出来事及びそれの複合体としての自然を基礎にして十分に論理的、哲学的展開が可能と見るのであるが、ホワイトヘッドはそれでは不十分であるとし、次に彼は、「現実的実質」(Actual Entities)の概念を案出するのであった。これを案出し、導入した晩年期をここでは彼の形而上学期と呼んでいる。彼は、私が自然に含意させている時空的本性や自然の世界内在性、世界外在性、世界創発性で十分と見ているのに対して、やはり神を必要としたのである。日本の世界的なホワイトヘッド研究者、田中裕によれば、その神は神の原始的本性だけではなく、神の結果的本性をも加えることによってアリストテレスの不動の動者を越えるものと説明している(4)。

けれどもこの神についての説明は、結局、自然の創造性、創発性、進化性、あるいは自己組織性で説明できるものと考えられ、またもし神を信仰し、そのの性質に文化的に習慣化されている場合でも(もちろんその信仰は自由であるが)、自然の神あるいは自然としての神で十分であろうと考えられる。とはいえ、私が、ここで彼ホワイトヘッドの現実的実質に注目するのは、その概念構成としての抱握(Prehension)と結合体＝社会＝ネクサス(Nexus)に関心があるからだ。

3　ホワイトヘッドの形而上学における現実的実質(Actual Entities)

ホワイトヘッドの哲学を研究してみて、特別に形而上学などといわなくても良いのではないかと思うことがある(だからといって、彼の哲学が重大な問題提起をしていないということではない)。彼は、単にアリストテレスの論理学、自然学、形而上学を意識して、それらに合わせたような論述をしたに過ぎないのかもしれない。ホワイトヘッドの哲学は、有機体の哲学と呼ばれているが、先述したように有機体という用語の使い方はよほど注意をした方が良いだろう。私はそれを避けるためにシステムの哲学として、ホワイトヘッドの使用している意味での形而上学はシステムの中に内包させている。したがって、システムの普遍性もしくはシステムの存在の普遍性を追求するのではなく、単に一般性のみで良いと考えている。ホワイトヘッドは、有機体の存在の普遍性、あるいは神の存在の普遍性、あるいは本性を求めたのであり、それを求めなければ心の安定を得られなかったのかも知れない。そこで彼は、出来事に代えた最終的実在として現実的実質という根本概念のを導入したのであった。

彼によれば、現実的実質はこの経験世界と神(特殊ホワイトヘッド的使用の意味を付された神。つまり、それは経験世界を超越しているのではなく、それとも関係しているものとしての神、すなわち実体としての神ではなく、過程としての神である。あるいは単に無限者としても良いだろう。)の両方を説明するための究極的概念であると述べている。彼にしたがって、現実的実質を要約的に記述すれば次のようになる。現実的実質(現実的実質が存在それ自体に向けられた場面でなく、時空的に生起してくる場面に向けられた場合には、現実的契機—Actual Occasion—と使われる)は、この世界を構成している究極的な実在物であり、それを定義することによって、存在論論的原理を示そうとしたのである。したがって、彼によればこれ以上の存在を捜し求めてもないとしている。また現実的実質はいろいろな現れ方をしているのでそれぞれが違うものと考えている。神も現実的実質であり、はるか彼方の空虚な空間における取るに足らない一吹きの存在もそれであるとする。しかもそれらには重要性の段階に違いがあり、機能的に色々な働きがあるが、しかしそれが現実の様態として現われている点から原理的には同一レベルにあるものと考えられている。究極的な事実はすべて現実的実質である。それは経験の零に当り、複雑で相互依存的な存在であると定義している[5]。

かくして、ホワイトヘッドのいう現実的実質とは、この宇宙の存在原理として措定された究極的な根本原理を表す概念で、それは環境としての他の現実的実質と相互作用をし、相互に限定し合いながら生成、発展、創造、衰退する活動体なのである。そのような現実的実質が環境としての他の現実的実質と相互作用を持ち、相互に限定し合う主体であるという、それらの関係を理解するために抱握(Prehension)という概念をホワイトヘッドは導入してくるのである[6]。

抱握は、各現実的実質が外界と関連を持つ状態に用いられ、とくにその外界との関連を持つ性格に関し、主体が客体に対して意識的かつ一方的に作用をするのではないということを強調するために、それはベクトル的性格を持つという。このことは、現実的実質の各主体がそれぞれ情緒、目的、価値判断、因果作用を含有しているのでベクトルのような結果になるからである。そのような性格になるのは、各主体が主体的形式をとる、つまりより完全な現実態になろうとして主体的目的を実現してある満足を獲得しようとする。その場合、満足を獲得するためには相互に主体が融け合って実現していくという意味において、彼は抱握が含有し合っているという表現をとるのである。またこのような満足を実現していく過程を別の視角から表現すれば、現実的実質という各主体が創造していく過程といってもよい。各現実的実質は相互に限定し合って自己を造り、造られる自己創造的な被造物であるから、その性格を持った各主体は、環境世界によって限定される(過去の与件)と同時に、満足を獲得するために追求する目的によって限定される(未来の与件)——ホワイトヘッドは「永遠的客体」(Eternal Objects)の各主体への進入という表現をとる——のである。こうして各主体は、自己創造を図って新たな主体に創造的に発展する。別言すれば、多たる主体が新たに創造された別な一たる統合的主体に転換していくのである。この一連の過程に、ホワイトヘッドは、「合生」という概念を用いている。次に抱握は二つに分けられる。第一は概念的抱握であって、それは目的の領域に入る永遠的客体あるいは理念、形相など、抽象的対象を抱握する時に用いられる現実的実質の心的極を構成するものと、第二は、物理的抱握である現実的実質が他の客体化された現実的実質を抱握する場合に用いられ、現実的実質の物理的極を構成するものである。さらに抱握は肯定的あるいは否定的抱握に分けられる。最後に抱握(概念的、物理的)は感受(Feeling)と同じ意味にも用いられている。彼のいう抱握は、現実的実質としての各主体が相互連関を持ち、新たな主体に転換していく一連の合生過程(この過程には呼応的局面、補完的局面、満足という三段階がある)に用いられる概念である(7)。

彼は、次に結合体(Nexus)について提起する(8)。それは、現実的実質が抱握という一連の合生過程を通じて実現していった結果、全体として完成度のより高い現実的実質の集まりが時空に形成される。このようにして形成されたものを一括して結合体という。これは別言すれば、現実的実質の集合体としての社会である。単なる結合体と社会の違いは、それらに何らかの秩序があるかないかによって区別され、ホワイトヘッドは、前者にはそれがなく、後者にはそれがあるとして両者を峻別する。彼は、社会について次のように述べている。「あるタイプの社会的秩序を例示ないし分有する結合体である」と。そして彼は、さらに「宇宙がその価値を達成するのはそれが諸社会の諸社会へと、そして諸社会の諸社会へと整序されるからである。こうして軍隊は諸連隊の社会であり、連隊は人間の社会であり、人間は人格的な人間経験という支配的社会と相まって、細胞と血と骨の社会であり、細胞は陽子のような小さな物理的実質の社会である等々。またこれらすべてに社会は、社会的な物理的活動性を持つ回りの空間を前提にしている」[9]とである。以上論述してきた三つの概念がホワイトヘッドの形而上学にとって、現実的な直接経験の究極的事実であり、その他事柄はわれわれの経験にとって一切が派生的なものとして扱っているのである[10]。

4　ホワイトヘッドの哲学における政治理論と政治思想

ホワイトヘッドの哲学を批判する中に、彼の善悪に対する価値判断が明確でない、曖昧であると、あるいは楽観的過ぎるとするものがある[11]。しかしこれらの批判は善悪を神の超越性、絶対性、全知全能性などに依拠していることを暴露した見解である。神をそのように位置づけることができるのは、単なる信念だけであって、何ら根拠がない考えである。ホワイトヘッドの哲学では、善悪のみならず真偽もまた神によって必然的にして一義的に決定されているとする神の絶対性に寄り掛かってもいなく、またそれらが神以外の存在によって無秩序なその場その場の状況から偶然に決定されるものともしていない。この意味で実体論、唯我論、独我論、絶対論、唯物論などの系譜を排し、関係論、相対論、相補論であり、また徹底した実在論の系譜にある[12]。

政治が有限のいくつかの政治的資源の中からある利害の絡む政治的資源を選択し、決定し、それを配分する政治権力行為にかかわることであるとすれば、政治とはまさしく政治権力による選択であると定義できる。この意味から彼の哲学の政治理論は、主体者としての現実的実質がどのようにして結合体、すなわち社会の中で他者を抱握し、新しい価値を創造していくかという一連の合生過程における価値の選択に係わるところに形成されると見なされる。彼の政治理論は、最終的に政治的多元主義理論に行き着き、情報化社会におけるデモクラシーの発展に最も寄与する政治理論、すなわち合意形成説得型政治理論になると結論できる。何故そのような結論になるかについて、もう少し彼の基本概念である神をも内包している現実的実質(以下、単数表現であっても常にホワイトヘッドは複数表現の現実的諸実質を意味している)の展開から考察してみよう。

ホワイトヘッドによれば、先述したように現実的実質こそがこの宇宙、この世界、未知なる宇宙、未知なる世界、ありとあらゆる存在の最終的、究極的実在であると述べている。それは複数表現であるから諸々の現実的実質が存在し、また神も諸々の神があることを意味している。ここにもう既に彼の哲学の多元主義的発想が垣間みることができ、私のシステム哲学のシステムの多元的一元論あるいは一元的多元論と同義と見て良いであろう[13]。彼の究極的なものの範疇の規定の中に、そのことがはっきり読みとることができる。彼はその範疇の中で創造性、多、一を究極的観念と措定し、それらがある現実的実質の主体的変化の中から新しいものを作り出す一連の過程に見出され、結果的にさまざまな現実的実質が生成される、つまり多様性の富んだ世界が入り交じった(彼の用語での共在性)形に構成されるとしている[14]。これがこの世界と自然の多様性、そして進化現象の結果的根拠であり、納得できるものである。次に、彼の八つの存在の範疇の規定の中に、いまさらいうまでもないことだが、重要なものとして現実的実質、抱握、結合体、主体的形式、永遠的客体がある。さらに二七の説明の範疇と九つの範疇的拘束性を詳しく解明している[15]。以下で、現実的実質を使用して上記のそれぞれの範疇の重要概念を政治との関連で理解しやすいように解説して見よう。

ここで現実的実質の政治である。再確認であるが政治を実体的に捉えるか、関係的に捉えるかである[16]。前者に立てば、神の実体的認識と同様、超越者としての神を認め、神の支配が権力者の支配を正当化することになる。このような政治認識は社会一般で神を必要とする場面があっても、もう時代遅れである。後者に立てば、ホワイトヘッドと同様となり、先述したような政治の定義になる。もう一度繰り返してみよう。政治とは有限のいくつかの政治的資源の中からある利害の絡む政治的資源を選択し、決定し、それを配分する政治権力行為にかかわることであるとすれば、それはまさしく政治権力による選択であると定義できる、と先述した。それでは現実的実質はどのように政治をするのであろうか。

ある現実的実質の政治は他の現実的実質の政治と関係し合って(ホワイトヘッドの主体的形式で、相互に抱握し合い限定し合うことを指す)何か新しいものを合生する。その場合のある現実的実質の政治とは、政治家、政党、政府、国家などが主体的になし、それらが自然としての現実的実質や結合体である社会と

料金受取人払

本郷局承認

6147

差出有効期間
平成20年 2月
28日まで

郵 便 は が き

113-8790

（受取人）

東京都文京区向丘1-20-6

株式会社 東信堂 読者カード係行

お名前《ふりがな》 （　　歳）男・女

（〒　　　）（TEL　　－　　－　　）
市 区 郡
ご住所

ご職業 1. 学生（高 大 院）2. 教員（小 中 高 大）
3. 会社員（現業 事務 管理職）4. 公務員（現業 事務 管理職）
5. 団体（職員 役員）6. 自由業（　　　）7. 研究者（　　　）
8. 商工・サービス業（自営 従事）9. 農・林・漁業（自営 従事）
10. 主 婦　11. 図書館（小 中 高 大 公立大 私立）

お勤め先
・学校名

ご買上
書店名　市 郡　区 町　書店 生協

東信堂愛読者カード

ご愛読ありがとうございます。本書のご感想や小社に関するご意見をお寄せください。

ご購入図書名

■ご購入の動機

1. 店頭　　2. 新聞広告（　　　）
3. 雑誌広告（　　　）　　4. 学会誌広告（　　　）
5. ダイレクトメール　　6. 新刊チラシ
7. 人にすすめられて　　8. 書評（　　　）

■本書のご感想・小社へのご意見・ご希望をお知らせください。

■最近お読みになった本

■どんな分野の本に関心がありますか。

哲学　経済　歴史　政治　思想　社会学　法律　心理　芸術・美術　文化　文学
教育　労働　自然科学（　　　　）　伝記　ルポ　日記

記載いただいた個人情報・アンケートのご回答は、今後の出版企画への参考としてのみ活用させて頂きます。第三者に提供することはいたしません。

しての現実的実質を環境世界に持ちながら遂行される(ホワイトヘッドの合生過程)。この場合の政治家は、複数の現実的実質としての人間がある選択、決定、配分にかかわものとすれば、広く人々が政治を担っている意味での政治家である。そのような多くの政治家を社会の特殊機能者として代表させた場合には議員としての政治家となる。現代社会にあっては、このような政治家が現実的実質となり、ある目的実現のために政党を作り、ある目的実現のために政党が政策を提示し、国家の最高機関の国会で議決し、政府がその政策を実行するということになる。

今日、議員としての政治家は、政党を作り、それに所属しているが、ホワイトヘッドのいう現実的実質としての政治家は、何かを創造していく一連の合生過程で何かを感じる積極的抱握の搬送者であるから感じる主体でもあり、そういう政治家はまた他の政治家から見れば、感じられうる最初の与件であり、お互いの間に何らかの合意が形成されうるならば、次の合生過程に主体的に前進するだろうが、お互いの間で否定が起これば、消極的抱握に終わり除去されるであろう。この場合、ホワイトヘッドの別の表現をとれば、限定し合っている直接経験といっても良い。もしある政治家が他の感じられうる最初の与件として感じられた政治家との間に、主体的形式の情動、目的、好み、忌避、意識の中の好みの満足が得られた場合には、他の政治家にとっての客体的与件となる。どのようにこの二者の政治家が感じ合うかによって積極的抱握に前進するか、消極的抱握に終わってしまうかが決定してくるのである。このような主体はホワイトヘッドは、自己超越体と使い、常に何か新しいものを作り出すものと意味付けている(17)。

現実的実質でもあり、また自己超越体でもある政治家は、ホワイトヘッドのいう物理極(もの的世界)と心極(こと的世界)を持っている[18]。この政治家の物理極は自らの肉体を含めて因果的に抱握(因果的能動性)し合って自然環境や宇宙と関係性を持っている(システム哲学のシステム相互のエネルギー連結と同義と表現しても良いだろう)。その政治家の心的極は自らの心、精神を含めて概念的に抱握(提示的直接性と象徴的言及—Symbolic Reference)し合って、結合体としての社会内あるいは国家の中に新しい創造物を作り出していく(この過程は、システム哲学のシステムの情報連結と同義であろう)。その政治家の概念的に抱握していく具体的、現実的象徴は、可能態としての政策であるが、その政策が何か新しく紛糾を押さえ込みお互いの政治家あるいは政党を限定していくためには、その政治家の直接経験ではない、永遠に客体化していく何か、日常的変化から超然とした何か、それは真、善、美のいずれかに係わった何かであり、その可能態としての政策の未来を決めていくことに係わる何か、その何かをホワイトヘッドは永遠的客体としている。可能態としての政策の未来を限定し、決定付けて行っているときに、ホワイトヘッドは永遠的客体がその可能態としての政策に進入してきて限定し、決定付けていると表現するのである。今日の政府が政策として実行している公共事業の政策がこのような視点で決定されているか大いに疑問である。

政治家の可能態としての政策には、政治家同士の概念的抱握が主体的形式の中で展開されていくことが理解された。その政策は政治家の物理的抱握の延長に係わる原初的自然の肉体を破壊するものであってはならないし、またその政治家の物理的抱握でもあり、概念的抱握でもある政策の(合生過程を経た)

実現と成立がその政治家の努力の結果として成立したのであり、それは価値的に優れ、原初的自然によって区分けされていたからである。そこには永遠なるものが進入してきたであろう。さらにその政治家はその政策実現によって新たな進化した社会あるいは国家を作りだし、過去の自分とは違った自己をそこで実現したことになる。彼は自己を超越していく現実的実質である、とホワイトヘッドはいうであろう。ここでは神について多くは言及しないが、普遍的な神が一般的な政策としての現実世界に影響し、また逆に後者が前者に影響を与えるとホワイトヘッドは述べている(19)。

上述したその政策をその政治家が実現していく一連の過程は、その政治家の決定と選択の過程と見ることができる。どのように政策を決定し、またどのようにそれを選択していくかはその政治家の存在原理としての現実的実質、その政治家の抱握の仕方、またその政治家がどのような社会や国家に既存しているか、などによって限定され、またそれらが限定されていくのである、多様な中に一様を、多元の中に一元を創造していく合生過程の中にある決定と選択にホワイトヘッドの政治理論を見い出すのである。

5　ホワイトヘッドの政治理論におけるサイバネティックスとデモクラシー

ホワイトヘッドの哲学にはサイバネティックスといった概念はどこにも見られない。しかしサイバネティックスの発想が原型として形成されてきていると考えられる。死んだ機械ではなく、生きた有機体として捉えたところが起点である。彼は神も人間も両方とも現実的実質と定義していた。その現実的実質は主体と客体を越えていく自己超越体であり、主体的形式をとって合生過程の中から新しい創造を作り出していく存在である。神も人間も両方とも現実的実質としたのは、それらを実体としてではなく、関係として捉えようとしたためである。関係的存在として捉えられた現実的実質は、合生過程の中で内的に決定され、外的に自由である[20]と述べている。このことは、現実的実質が主体形式に沿って内的には秩序が形成され構造化し、外的環境に対して自由に働きかける主体である。すなわち、現実的実質は窓のあるモナド、あるいは開放システムなのである。そのような現実的実質は、さまざまの形式を取る抱握や感受形式を取る。このことから現実的実質は、外界に働きかける主体であり、主体として外界に働きかけるためには何らかの結合体を結果的に排出しなければならない。それは価値を含む出力と表現できる。その出力を別の現実的実質が何らかの抱握や感受しようとすれば、その現実的実質にとっての入力となる。このような相互交換関係は現実的実質の合生過程、すなわちサイバネティックスのフィードバック過程と同義である。

以上のように、素描しただけでホワイトヘッドの哲学の現実的実質は、ノーバート・ウィーナーのサイバネティックスの入力・出力フィードバック過程モデルと構造的類似性を持っていると言明できる[21]。またウォルター・バックレイの適応・過程システムと同型であるともいえよう[22]。このホワイトヘッドの現実的実質が彼の究極的思考としての思弁によって案出されたものであるというところにホワイトヘッドの独創性と現代科学、現代の情報科学の発展に寄与したのであり、彼の論理数学の今日的有効性を立証していると考えられる。

先述したように、現実的実質としての神と人間あるいは経験世界は相互交通的に関係し合っているというのがホワイトヘッドの立場である。この意味で神は人間を含めた世界を必要とし、後者はまた前者を必要としている。神は経験世界としての人間社会に価値規範あるいは規範的諸価値を出力として付与し、人間社会で一人一人の人間は、それらの出力として付与された価値規範あるいは規範的諸価値を入力して現実的価値としての生活を実現している。その生活のあり方をまた出力して神が入力する。この一連の過程は、詳しくは神の原初的本性、結果的本性、自己超越的本性に係わることである[23]。

神は善としての価値を永遠なる客体として人間に出力されるであろうが、人間はその善を入力する現実生活の概念的抱握の意味付けで神の善を誤って解釈し悪を実行するかも知れない。この意味で神と人間は相補関係、善と悪は相補関係にあり、断定や一方的な決定ができないのである。何が神のものであり、何が人間のものであるか、また何が善で何が悪なのか、相互に比較し相互に納得すること、すなわち相互に説得し合う方法しか残っていないのである。ホワイトヘッドは、『観念の冒険』の「力から説得へ」の箇所で「世界の創造は力に対する説得の勝利である。」[24]と述べている。この説得は、サイバネティックスの入力・出力フィードバック過程モデルから出てくる発想で、ある人間の悪事を他の人間が非難し、その人間を抹殺して解決するか、その悪事を働く人間を説得して解決するか。ホワイトヘッドは、説得を文明の発達に伴って高まり、暴力など力にたよるあり方が低下してきていると述べている。彼の説得のあり方は、今日の社会の情報公開に依拠した問題解決のあり方にそのまま応用可能な考え方である。

人間の社会秩序は、神から付与された価値規範が人間のその規範の実現に向かう合生過程から法律となり、それによって社会秩序が維持される。このことをサイバネティックスの入力・出力フィードバック過程モデルで理解しやすように例示すれば、次のようになる。ある部屋の温度を摂氏二〇度に保持しようとして、その二〇度から絶対ずれないようにクーラーをセットしたとしよう。この二〇度は価値規範と同じである。部屋の温度が二〇度以上であれば、二〇度に下がるまでクーラーのモーターが稼働し、長時間その二〇度まで下げるのに時間を要するならば、モーターが加熱して燃えてしまい、初期の目的を実現できなくなるであろう。また仮に二〇度まで下がったとしても、一八度や一九度を好む人々は満足を得れないであろう。これは力による排除である。一八度や一九度を好む人々にまで満足を与えるようにサーモスタットを付けなければならない。そのサーモスタットの設置によって、二〇度を基準として一八度から二三度ぐらいの範囲を揺れ動く結果になる。これは自由の度合いを表すことになる。こうしてそのサーモスタットが刻一刻として随時その部屋の温度をモニターしていることがそこの部屋にいる人々の現実的欲求を満たしていることになる。そのサーモスタットは随時その部屋の現実の温度、すなわち人々にとっての現実的価値を実現し、満たしているのである。この現実的価値は二〇度という規範的価値があって初めて実現できるのである。その二〇度それ自体は永遠的客体で規範的価値とし、一人一人が好む温度は、その温度を獲得した時に満たされた価値としての現実的価値である。一人一人の現実的価値から規範的価値の二〇度を見れば、永遠的客体なのである。一人一人が好む温度は、その温度を獲得した時に満たされた価値であり、その満たされる価値の中に二〇度という永遠的客体としての規範的価値が進入してきているとすれば、ホワイトヘッドの合生過程が成立する。以上のことから規範的価値と現実的価値は対照的、相補的であり、一八度や一九度を好む人々から二三度ぐらいの温度を好む人まで説得して満足を与えたことになる。

ホワイトヘッドの哲学から出てくる政治理論は、サイバネティクスの入・出力フィードバック過程モデルとなり、説得を中心とした政治思想が基本となることが理解されるであろう[25]。

上記の事例からもある部屋の温度を摂氏二〇度に保持しようとして、その二〇度から絶対ずれないようにクーラーをセットしたとすれば、一八度や一九度を好む人々が排除され、力による排除と同じである。もしサーモスタットを付け、一八度や一九度を好む人々の満足を実現してやると、それらの人々を排除するのではなく、合意を引き出し説得したことになる。このことから前者と後者を比較して、どちらのあり方が自由度が高いかを見ると、後者となる。この後者の自由度の高さがそのままデモクラシーの度合いに直結しているのである。デモクラシーの度合いが高くなればなる程、説得的になるのである。説得的デモクラシーの質を高めるには、ますます正確で公明な情報を自由に取り入れる環境を作る必要があるといえよう。そうすれば多様性と多様な価値の共存と合意形成の政治過程が成立することになる。ホワイトヘッドの哲学は、多様性、多元性を認め、説得を中心とした合意形成説得型政治理論となり、デモクラシーの発展に寄与するものと結論づけられる。かくして、二〇世紀のデカルトといわれるホワイトヘッドの哲学が、国境を越え始めた国際関係の中でいかに有効性があり、その根本的政治思想と政治理論が時代を先取りしていたということが、これまでの解明で理解できたであろう。

6　ホワイトヘッドの政治理論と神の政治的解釈

ホワイトヘッドの哲学を研究してきている私にとって、彼の哲学から政治理論を構築できるとして試みたことは日本での新しい展開である。長年の彼の哲学の研究から彼の形而上学にある神は、自然と定義しても問題がないと断定するにはやはり勇気のいることだ。私はどれほど考えても神を実在として認めるだけの勇気を持っていない。所詮、それは人間の作った概念であるとしかいえないからだ。それにもかかわらず、ホワイトヘッドが神と経験世界を関連づけるために現実的実質を措定したことの意義は大である。何故ならば、彼はそれを措定することによって、神を信仰している人、信仰していない人、人間として生きるために神を必要とする人、それを必要としない人、仏を信じている人、経験世界を研究している人、極く普通の人、経験世界に生きるの様々な現実の地球上の人々などに、以下のような四つの選択肢を与え、共在と共生のあり方を方向付けたからだ。

第一に、神の実体性や神の信仰に慣れ親しみ、文化として習慣化されている人々を排除することなく、それらの人々を受容していること。

第二に、神の実体性や神の信仰に無関心かそれらを認知していない人々を排除することなく、それらの人々を受容していること。

第三に、神の実体性や神の信仰に慣れ親しみ、文化として習慣化されている人々が神を玄関口として入り、次に同じ神理解を経験世界にまで同じ思考様態で応用・解釈できるようにしたこと。

第四に、神の実体性や神の信仰に無関心かそれらを認知していない人々が経験世界の現実を理解し、解釈するあり方の思考形態をそのまま神解釈にまで応用できるようにしたこと。

以上のことが私の判断するホワイトヘッドの哲学の功績である。これほど広範囲の人々に受け入れられるだけの哲学は多くはない。ホワイトヘッドの哲学は、神あるいは神々が全宗教の合生過程に参加して、新しい文明の創造を期待しているのかも知れない。新しい文明の創造は、神あるいは神々の決定、選択、そして成果の配分に係わることから新しい政治理論、すなわちサイバネティックスの政治理論、システム哲学の自己安定的・自己組織的政治理論の成立を示唆していたのである。ホワイトヘッドの後に続く、カール・ドイッチュやデーヴィット・イーストンは、ノーバート・ウィーナーのサイバネティックスやフォン・ベルタランフィーの一般システム理論を学び、それらを政治理論に応用しただけであるといえるかもしれない。

註及び引用文献

(1)　ここではホワイトヘッド紹介を日本語で読める著作を記しておこう。
山本誠作『ホワイトヘッドの宗教哲学』(行路社、一九七七年)
市井三郎『ホワイトヘッドの哲学』(第三文明社、一九八〇年)
ヴィクター・ロー、大出晁・田中見太郎共訳『ホワイトヘッドへの招待』(松籟社、一九八二年)
Ch・ハーツホーン、松延慶二・大塚稔訳『ホワイトヘッドの哲学』(行路社、一九八九年)
ポール・クンツ、一ノ瀬正樹訳『ホワイトヘッド』(紀伊国屋書店、一九九一年)
田中裕『ホワイトヘッド――有機体の哲学』(講談社、一九九八年)

(2)　ホワイトヘッド、上田泰治・村上至孝訳『科学と近代世界』(松籟社、一九八一年、九四〜九九頁、一四二〜一四五頁、一六三〜一七五頁)

(3)ホワイトヘッド、藤川吉美、伊藤重行訳『思考の諸様態』(松籟社、一九八一年、一八三〜二〇六頁)

(4)田中裕『ホワイトヘッド――有機体の哲学』(講談社、一九九八年、一四四〜一四五頁)

(5)田中裕『ホワイトヘッド――有機体の哲学』(講談社、一九九八年、一二三〜一二五頁)
ホワイトヘッド、山本誠作訳『過程と実在(上)』(松籟社、一九八五年、三〇頁)

(6)　D・W・シャーバーン、松延慶二・平田一郎訳『過程と実在への鍵』(晃洋書房、一九九四年、一三〜一八頁)
ホワイトヘッド、山本誠作訳『過程と実在(上)』(松籟社、一九八五年、三六〜三九頁)

ホワイトヘッド、山本誠作訳『過程と実在(下)』(松籟社、一九八五年、三九九～五〇六頁)

(7) 山本誠作『ホワイトヘッドの宗教哲学』(行路社、一九七七年、四六～四七頁)

(8) ホワイトヘッド、山本誠作訳『過程と実在(上)』(松籟社、一九八五年、三六頁)

(9) ホワイトヘッド、山本誠作・菱木政春訳『観念の冒険』(松籟社、一九八五年、二八四頁)

(10) ホワイトヘッド、山本誠作訳『過程と実在(上)』(松籟社、一九八五年、三三頁)

(11) 山本誠作『ホワイトヘッドの宗教哲学』(行路社、一九七七年、七五頁)

Rice, D. H., *Alfred North Whitehead's Political Theory and Metaphysics*, (Ph.D. Dissertation),1984, Perdue Univ. p.215.

Johnson, A. H., *Whitehead's Philosophy of Civilization*, Boston: Dover, 1962.

(12) 山本誠作『ホワイトヘッドの宗教哲学』(行路社、一九七七年、全頁)

(13) 伊藤重行『日本からの新しい文明の波』勁草書房、一九九五年、三三五～三三八頁)

(14) ホワイトヘッド、山本誠作訳『過程と実在(上)』(松籟社、一九八五年、三四～三五頁)

(15) ホワイトヘッド、山本誠作訳『過程と実在(上)』(松籟社、一九八五年、三六～四六頁)

(16) 安世舟『現代政治学の解明』(三嶺書房、一九九九年、一～二章)

浦野起央・本田弘編『現代政治の基本知識』(北樹出版、一九八五年、八～九頁)

(17) ホワイトヘッド、山本誠作訳『過程と実在(上)』(松籟社、一九八五年、七五頁)

(18) 伊藤重行『システム哲学序説』(勁草書房、一九八八年、一七四頁)

(19) 山本誠作『ホワイトヘッドの宗教哲学』(行路社、一九七七年、一三〇～一四四頁)

(20) ホワイトヘッド、山本誠作訳『過程と実在(上)』(松籟社、一九八五年、七八頁)

(21) N・ウィーナー、池原止戈夫・弥永昌吉・室賀三郎共訳『サイバネティックス』(岩波書店、一九六八年、

一三四頁)

(22) W・バックレイ、新睦人・中野秀一郎訳『一般社会システム論』(誠信書房、一九八〇年、二六八頁)

(23) 田中裕『ホワイトヘッド——有機体の哲学』(講談社、一九九八年、一四四〜一五二頁)

(24) ホワイトヘッド、山本誠作・菱木政晴共訳『観念の冒険』(松籟社、一九八五年、一一二〜一一三頁)

(25) Itow, Shigeyuki and N. Yamakawa, "Self-Organizing Leadership in Japanese Management: A View from a Soft-Cybernetics Methods," *Cybernetica*, Vol. 36, No. 2, 1993, Belgium: Association Internationale de Cybernetique, pp.90-91.

参考文献

山本誠作『ホワイトヘッドの宗教哲学』(行路社、一九七七年)

市井三郎『ホワイトヘッドの哲学』(第三文明社、一九八〇年)

ヴィクター・ロー、大出晁・田中見太郎共訳『ホワイトヘッドへの招待』(松籟社、一九八二年)

Ch・ハーツホーン、松延慶二・大塚稔訳『ホワイトヘッドの哲学』(行路社、一九八九年)

ポール・クンツ、一ノ瀬正樹訳『ホワイトヘッド』(紀伊国屋書店、一九九一年)

田中裕『ホワイトヘッド——有機体の哲学』(講談社、一九九八年)

Laszlo, Ervin, *La Metaphysique De Whitehead*, The Hague: Martinus Nijhoff, 1970.

Laszlo, Ervin, *Beyond Scepticism and Realism: A Constructive Exploration of Husserlian and Whiteheadian Methods of Inquiry*, The Hague: Martinus Nijhoff, 1966.

第三部　アジアを見る目

第八章　北東アジアの秩序と安全保障機構の形成

二一世紀におけるアジアの国際秩序に対する韓国と日本の役割というテーマは、極めて時節を得たものである(1)。このテーマを論じる事によって、韓国と日本の間に横たわっている歴史的諸問題としての遺産をより明るい視点に立って、完全に解決できなくても一歩でも二歩でも前に進めることができるであろう。さらには、これまで韓国と日本が一緒になって二一世紀におけるアジアの国際秩序を論じ合う事自体、われわれの先輩ができなかったことであり、この点からも高い評価を得るものとなるであろう。本章では、まず第一に、二一世紀におけるアジアの国際秩序を個人主義思想中心の秩序観、全体主義思想中心の秩序観、そして現代科学のシステム思考と日本的価値がより根本において結びついていると見るシステム主義思想中心の秩序観について論じる。第二に、日本の経済的役割と北東アジア開発銀行の設立について論じるであろう。

1　二一世紀におけるアジアの国際秩序

二一世紀におけるアジアの国際秩序は、人類史の長い秩序論の研究に大きな貢献を結果的に果たすことに成るであろう。パックス・ブリタニカやパックス・アメリカーナの時代は、それぞれ世界をリードする優れた世界的視野を持った政治家を生み出した[2]。同じように、現在パックス・アジアーナ（筆者の造語）の到来を感じさせる様に思われる。その理由を挙げてみると、第一に、アジアの経済成長がめざましいこと。第二に、経済成長に伴い、政治的安定度が増していること。第三に、アジア地域の政治的リーダー、例えば韓国の金大統領、台湾の李大統領、シンガポールのリ・クアン・ユ元首相、マレーシアのマハティール首相、フィリピンのラモス大統領、ブルネイ・ダルサラームのボルキア国王、インドネシアのスハルト大統領、タイのプーミポン国王、さらには社会主義・共産主義諸国の政治的リーダーを加えても、相対的に優れた見識を持った人物が多く見出されること、などである。さらにパックス・アジアーナを確実なものにしていくために、各国の政治的指導者は政治的権力による汚職、政治的腐敗などをどのようにして逓減していくかによっても左右されると自覚すべきであり、この事の関数関係として各国の未来の命運がかかっていることもまた自覚すべきである。すなわちアジア・太平洋地域は各国がどのような体制であっても、パックス・アジアーナに向かって上記の問題点を解決できる体制が主要構成国になるということを意味しているのである。アジア・太平洋地域は、この意味で競合関係にありながら、相互依存を通じて新しい国際秩序の実験を試行し始めているのである。それではどのような秩序がアジア・太平洋に存在しているだろうか、次に考えてみよう。

（1）個人主義思想中心の秩序観

この個人主義中心の秩序観をもって今日の世界全体を指導し、先導しようとしている国家は、いかにパックス・アメリカーナが衰えてきたとはいえ、それは米国である。カナダ、オーストラリア、ニュージーランドなどもこの系譜に入るであろう。個人主義それ自体は、ギリシャ時代のデモクリトスにその起源を持ち、近代では今から一五〇年前のフランスのトックビルが社会主義に対峙する思想としてアメリカの個の確立にみる一般的信念や権利の主張から個人主義と規定したものである。

哲学的には、個人主義は個人と個人の間の関係を重視するよりも、個々人が独立しユニークで自由な存在であると認識するところに特徴がある。そしてそれぞれが自らの必要性と願望を中心に考え、主張することを正当なものとする。このことは、自己主張と自己実現を追求することを正当なこととして認めているのである。

このような個人主義の考え方は、目に見える具体的で物理的な人間一人と抽象的な個人とが上手く結び合っているのであたかも同等な存在として扱い易いが、しかし個人と個人の間の関係性が欠如している点では今日の科学的人間観としては問題をのこしている。さらに徹底的に個人主義として一貫性を欠いているのではないかと考えられる点は、個人主義の信奉者が自らを越えた力のある存在、すなわち超越的力を排除する一方で、神や絶対者を認めることは矛盾していると考えていないことである。

以上のような考え方は、国家や国際秩序を考察する場合でも同じ事で、例えば国際秩序は個的な国家によって形成されると認識する。このような個人主義的国家は、自ずと自国の必要性と願望を中心に考え、主張することを正当なものとする。このことは、個人主義的国家による自己主張と自己実現を追求することを正当なこととして認めているのであり、他国よりも自国中心の国家を正当な存在として考える。このように国家を考える立場をとる人を現実主義者という。この点で現実主義者は個人主義者とイコールとなり、現実主義者のいう国際秩序観は、まさに自国の目的を実現するために軍隊を導入してでも目的実現を図ろうとする個人主義的秩序、あるいは自国に都合の良い秩序を追求することになる。

（2）　全体主義思想中心の秩序観

全体主義の考え方は、ギリシャ時代のアリストテレスにその源を発していると考えられている。この全体主義と先述した個人主義は、人類の知的歴史において コインの表と裏の様に表裏一体の関係をもって発達してきたものである。

このような全体主義には、政治権力や軍事力を背景とした非民主的で公選のない強権政治体制を含めるならば、共産主義体制、軍事政権、さらにはオカルト的な宗教集団も入る。この全体主義思想中心の秩序観をもって今日の世界全体を指導し、先導しようとしている国家は冷戦構造の崩壊後、相対的に変化を来している。旧ソ連、中国、北朝鮮、キューバ、ベトナム、ミャンマー、インドネシア、アフリカに多くある軍事政権等が代表的な国家として入る。全体主義に属する考え方は、ヒトラー、ヘーゲル、マルクス、エンゲルス、レーニン、毛沢東、ホーチミン、カストロ、極端な左翼と右翼、オカルトなどによって推進されたものである。哲学的には、全体主義は人々がこの世界に平等に生まれ、社会の統合的部分として存在するものと認識する。換言すれば、社会が第一義的存在であり、人々は第二義的存在と認識され、この見方に立って人々が平等なのである。各人は必要性を満たすために社会的共有物を持ち、それをプールし合い、またその社会的共有物のために最善の努力をし、貢献すべきものと考える。この考え方は実現できない人類の永遠の理想であろう。理想主義者としての夢を見、ある日突然、悪夢を見てしまい何とかしてその悪夢を実現しようとした時に、権力が欲しくなり全体主義者になってしまうのである。したがって全体主義者は、権力を独占するための理由を色々考え、絶対者や超越者の資格をこの現実社会で獲得しようとして、結果的に独裁者に転落してしまうのである。権力を支配の道具に使い始めた時点で、人々の心が離れ反撃の開始となるのである。

以上のような考え方は、国家や国際秩序を考察する場合でも同じ事で、例えば国際秩序は全体主義の原理からして全体主義中心の国際秩序を正当なものと認識するのである。このような世界秩序観は、人々と各国家の自由と選択の自由を無視するという点、さらには権力の独占に結果的に落ち込んでしまうという点で多くの支持を得ることができないのである。旧ソ連の崩壊は以上の視点から考えるならば、当然起こるべくして起こったとみなすことができるのである。

(3)　システム主義思想中心の秩序観

このシステム主義という概念はそれほど多く認知されているとは考えられないであろう。しかしそれは個人主義や全体主義を乗り越えようとして案出された人類の未来にとって極めて有望な考え方である。歴史的には日本や韓国の儒教、日本の神道や仏教の曼陀羅、中国の道教等に何らかな関係性があると認識されるであろう。またギリシャ時代のヘラクレイトスやアリストテレスにも源流を持っているといえよう。このシステム主義の発展に貢献した人々には貝原益軒、鈴木大拙、西田幾多郎、今西錦司、佐藤敬三、伊藤重行、村田晴夫、老子、荘子、スピノザ、ヘーゲル、ホワイトヘッド、フォン・ベルタランフィー、プリゴジン、ラズロー、ウィーナーなど、多くの哲学者、物理学者、システム論者、数学者、サイバネティックスの専門家がいる。

システム主義は、この世界を「システム」からなっていると認識する。システムのシは「まとまり」、システムは「置かれてある」の意味で、したがってシステムは「まとまって置かれてある」とか「まとまってある」という意味となる。この考え方が基本なのである。貝原益軒の『養生訓』は優れた心身統合システム論、西田幾太郎の「絶対矛盾の自己同一」、今西錦司の「棲み分け」理論はシステムと置き換えることができる。老子、スピノザそしてホワイトヘッドからは全体と部分が相互に浸透し階層的進化する過程論、プリゴジンから自己組織論、ウィーナーからサイバネティックスの情報論を学ぶ事ができる。システム主義は、この世界を全体と部分が複雑に絡まりあいながらも統合している「全部」であるという認識論と存在論を形成し、この宇宙の存在者は「エネルギーと情報を処理するシステム」と定義することになる。

この考え方によれば、人は自然のシステムの進化的創造物であり、またその一部分でもあるとなる。またそれぞれの人はその部分で固有の役割を演じると共に、自発的により高い目的に向かって行動し、他者との共働的な相互関係を通じて自らの責務と運命を全うすべきであると考えることに価値を見出しているのである。したがって協力、自由、平等、団結、調和、賛同、集団、組織、情報等が重要な概念となる。このような価値を重視する国家に日本、韓国、台湾、シンガポールなどがある。これからも地球が狭くなると感じ、さらには天然資源が豊富でない弱点を持った国家の賛同と参入が期待される。何故ならば情報や知識を重視した教育を通じて人間を育てる以外に方法がないからである。

以上のような考え方は、国家や国際秩序を考察する場合でも同じ事で、例えば国際秩序はシステム主義的な国家によって形成されると認識する。このようなシステム主義的国家は「エネルギーと情報を処理するシステム」と定義され、それは自然のシステムの進化的創造物であり、またその一部分でもあるとなる。またそれぞれの国家はその部分で固有の役割を演じると共に、自発的により高い目的に向かって行動し、他国との共働的な相互関係を通じて自らの責務と運命をを全うすべきであると考えることに価値を見出しているのである。したがって協力、自由、平等、団結、調和、賛同、集団、組織、情報等が重要な概念となる。システム主義的世界秩序観とは以上のような価値を組み込んだ秩序を追求するため変動を処理していく過程論的秩序観となる。システム主義者は過程論者なのである。以上の三つの考え方に基づく秩序観をまとめると以下のようになる。

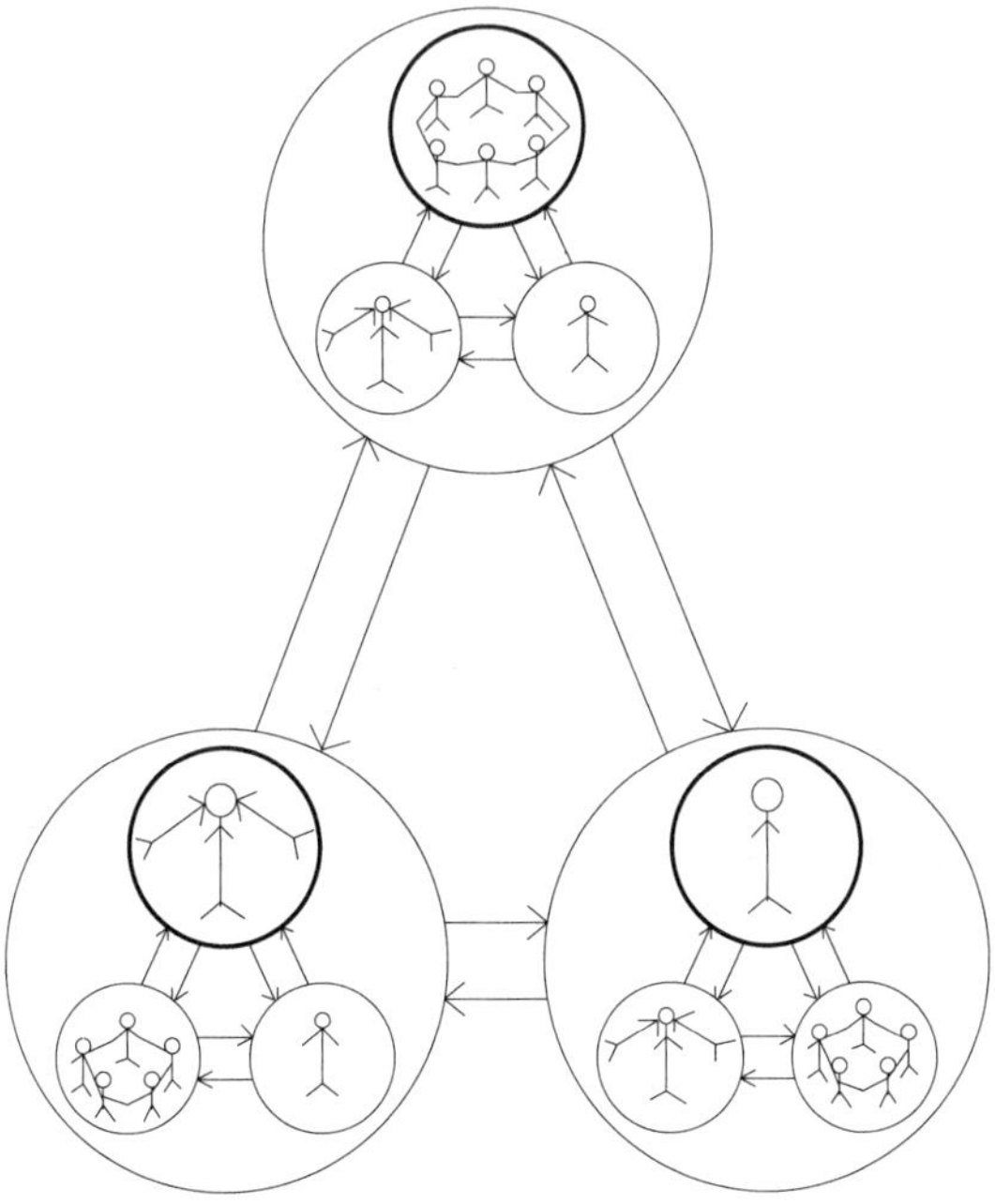

伊藤重行著『日本からの新しい文明の波』(勁草書房、1995年)より

2　日本の経済的役割と北東アジア開発銀行の設立

この国際社会において、日本の経済的役割の重大さは、どのように考えても、増すばかりである。IMF、OECD、世界銀行、アジア開発銀行、先進国首脳会議等で占める日本の位置から考えても、また同じ事がいえる。また今日、日本の政府開発援助(ODA)の資金総額が世界で最大であることも、よく知られていることである。二一世紀に向かって日本がアジア太平洋地域の経済発展に尽くす責務があるという命題は、日本にとってまたとない絶好の機会がやってきたと理解する事がまず大事である。アセアン諸国を含めた東南アジア地域での日本の経済的役割は、東南アジア地域の自力的経済発展に伴って、日本の資源獲得のための経済援助から相対的に相手国の自立的、選択的援助に変化してきている。もう既に日本と東南アジア地域、さらに北東アジア地域においても相互扶助的経済援助の関係になってきており、「お互い様」の論理が基本となる。このような考え方の論理は、システム主義的思想の秩序観に基づいていると結論づけることができよう。

(1)　北東アジアの安全保障機構の不備と問題点

北東アジアとここでいうところの地域には日本、韓国、北朝鮮、中国、台湾、ロシア極東、それにモンゴールを含めることにする。さらに米国のグアムがあり、間接・直接の関係から考えても米国を除外する事はできない。北東アジアの安全保障の構造的特徴は各国の政治体制の違いから二国間関係から成立しており、多国間による集団的安全保障の形式を取ることが難しいと信じられている。しかし最近のアセアンはベトナムを加えることによって政治体制の問題を解決し、軍事同盟のアセアンから経済同盟のアセアンに変貌を遂げ始めているその一方で、アセアン拡大外相会議を主幹し、東南アジア地域全体の安全保障という問題をより一層安定化させようと努力している。このようなアセアンの事例は、北東アジアの今日の全く裸の不安定な政治的、経済的秩序と相互不信に陥っている北東アジア諸国にとってはこれからの進むべき集団的安全保障の道が教示されているといえよう(3)。とはいえ、これから一挙に北東アジアの集団的安全保障機構を構築するだけの準備がなされていない今、より現実的な方策としてKEDOを通じて一歩一歩北東アジアの安全保障の構築に向かって進む以外に方法はないであろう。このKEDOの問題においても、日本、韓国、さらに米国との信頼関係の強化はまさに重要である。日本と韓国の間の竹島問題、日本と中国と台湾の間の尖閣列島問題、日本とロシアの間の北方領土問題は、そう簡単に解決できるものではないであろうし、遠き将来において解決するための信頼醸成のための方策を探る方がより現実的であろう。この方策のなかで日本と韓国の協力が最も重要である。そしてその方策は日本と韓国の間の海峡をビートルズという船で釜山と福岡間を二時間で往来したり、飛行機で三〇分で往来するよりも、もっと早く渡れる橋に相当するような素晴らしいものでなければならない。そのような橋に相当するような素晴らしいものは、日本と韓国の両方で協力して作り、お互いをより近づけ、さらに地域共同体の構成者としてよきパートナーと成ることを保障するものである。それが北東アジア開発銀行の設立という構想になるのである。

(2)　北東アジア開発銀行の設立

福岡市と釜山市は姉妹都市であり、地域協力を強力に推進している。最近、福岡市主催の「アジア・マンス」(毎年九月中実施)が釜山市でも「アジア・ウィーク」として開催されるようになった。また両市の協力で「日・中・韓国際シンポジウム」がこの九月に開催されたばかりである。さらにまた年中行事として福岡県、長崎県、佐賀県と韓国・済州島、釜山等を含めた「海峡知事会議」が開催されている。このように日本と韓国の間での地域間協力は日増しに深まってきている。この事は、これまでの歴史的遺産としての日・韓にある諸問題、多くの場合日本が悪いのであったが、しかしまた朝鮮通信使のような素晴らしいこともあったのであり、過去を忘れずにこれから長いつき合いをしたいものである。北東アジアの地域的安定を作り出す知恵を持っている両国だからである。北東アジア開発銀行の設立は、まさにこの両国なくして成立しない構想なのである。

それでは何故、今このような北東アジア開発銀行の設立を提案するのであろうか。北東アジアにおける地域間経済協力として「環黄海経済圏」、「環日本海経済圏」、それにまた「豆満江開発」、「ナホトカ自由貿易地域開発」などが現実に討議されている。しかしながら話し合いのための会議が多く持たれるだけであって、もう食傷気味(キムチなら飽きないが)の観がするからである。資金がないということが最大の問題なのである。北東アジアにおいて資本を持ち投資できる国家は、韓国と日本だけであり、この両国が協力して北東アジア開発銀行の設立を先導し、次に台湾と米国の資本投資を誘因する条件を作り出すことである。一九九三年度における日本と韓国の対外直接投資を数字的に眺めると、日本は韓国に対して二億四五〇〇万ドル、中国に対して一六億九一〇〇万ドル、ロシアと北朝鮮には統計数字としてはあがってこないのでほとんどゼロに等しい。また韓国は日本に対して約九〇〇万ドル、中国に対して六億三九〇〇万ドル、ロシアに対して一億三九〇〇万ドルである。日本と韓国の総額を合わせても約二七億二〇〇〇万ドル程度の少額なのである(KOTRA、一九九四)。これではどうしても北東アジアの開発に当たってはかけ声倒れに終わってしまうはめになる。そこで日本と韓国の両国が中心になって北東アジア開発銀行を設立し、世界からの投資誘因策を通じて大量の資金を集め、それを基にして地域経済開発を図ろうというのである。その北東アジア開発銀行の本部を日本にではなく、韓国の釜山かソウルに設置するということが次に極めて大事なことである。そうすることによって韓国の韓半島での地位と権威を確立できると同時に、北東アジアはもちろん、世界における地位と権威をもまた確立できる事になるである。またこの方式は日本と韓国との間の信頼醸成にも貢献し、地域経済協力の見本となることができ、ロシア極東、北朝鮮、中国、モンゴールに対する手本を示すことになるであろう。

かくして、日本と韓国の相互協力によって設立できる北東アジア開発銀行は、両国の橋になると同時に、北東アジアの経済発展に貢献し、また北東アジアの集団的安全保障機構の基礎固めにもなることも請け合いである。北東アジア地域はこのように一歩一歩より現実的政策を提案し、実行に移していく時期がやってきたのである。同じシステム主義的思想の系譜に入る日本と韓国の二一世紀の協力関係のあり方を指し示している新しい構想、すなわち北東アジア開発銀行の設立という構想は両国が共になすべき重大な課題である。

3　北東アジアにおける日韓の協力の必要性

本章では、二一世紀に向かってパックス・アジアーナの到来とシステム主義思想中心の秩序観の優位性を論じ、さらに北東アジア地域における日本と韓国の相互協力のあり方を探ってみた。その中でも日本の経済的役割が極めて重要であり、北東アジアのみならず、アジア太平洋全体の安定にとってもまたしかりであると論じた。そして日本発の新しいシステム主義的思想とその秩序観の有効性についても論じてきた。以上の視座に立って、北東アジア地域に日本と韓国の相互協力によって北東アジア開発銀行の設立の必要性とまたその緊急性についても論じた[4]。このような具体的提案の実行を通じて、両国の友愛関係を深めていく事を希望するものである。したがって、われわれはアジアのみならずアジア太平洋全体の経済発展に貢献できると同時に、アジアの多様性を壊すことなく、個人主義的でもなく、また全体主義的でもない、それらを組み込んだ新しいシステム主義的国際秩序論の世界への輸出が可能であるということも論じた。

註及び引用文献

（1）　この論文は、一九九六年一〇月一一～一二日に韓国・釜山文化会館国際会議場で開催された「二一世紀におけるアジアの国際秩序——韓国と日本の役割」で発表した拙者の「日本の経済的役割」に基づいている。参照、釜山政治学会編『二一世紀におけるアジアの国際秩序』（一九九六年一〇月、九五～一一五頁［原文韓国語］、再録、*Pusan Political Science Review*, Vol.7, No.1, 1996, pp.87-104.）

（2）　パックス・アジアーナの秩序観を構想するために、次のような著書が有益であった。猪口孝『現代国際政治と日本』（第一五章、筑摩書房、一九九一年）、菊池努『APEC - アジア太平洋新秩序の模索』（日本国際問題研究所、一九九五年）、荒井功『国際関係の戦略とパワー構造』（成文堂、一九九八年）

（3）　アジアの国際秩序及び北東アジアの安全保障を構築するために、次の著書が刺激的であった。Muthiah Alagappa(ed.), *Asian Security Practice: Material and Ideational Influences*, Stanford: Stanford University Press, 1998.

（4）　ここでまだ論じらなければ問題は、北朝鮮の未来である。二〇〇三年一二月現在、北朝鮮を含む六カ国協議が二〇〇四年に入って開催予定になっている。北朝鮮は、中国を通じて体制の保障を求めていること自体、変革の現れである。ただし韓国の北朝鮮に対する太陽政策が資金不足で、韓国の経済的衰退につながらないか心配である。

参考文献

A・N・ホワイトヘッド、山本誠作訳『過程と実在（上、下）』（松籟社、一九八四・八五年）
伊藤重行『日本から新しいの文明の波』（勁草書房、一九九五年）
伊藤重行『アジア・太平洋関係論——お互い様の論理』（あきつ出版、一九九三年）
伊藤重行『システム哲学序説』（勁草書房、一九八八年）
伊藤重行「システム哲学とシステム的世界観について」（『哲学』三三号、一九八二年）
伊藤重行・高橋直子『国際交流と地球社会』（あきつ出版、一九九二年）
伊藤重行・北原貞輔『日本的システム思考』（中央経済社、一九九一年）
伊藤重行・北川敏夫『システム思考の源流と発展』（九州大学出版会、一九九一年）
Shigeyuki Itow and Yamakawa, N, “Self-Organizing Leadership in Japanese Management,” *CYBERNETICA*, vol.36, no.2, Namur(Belugium), 1993.
Shigeyuki Itow, “Views On Asia-Pacific Order,” *ASIA-PACIFIC ECONOMIC REVIEW*, no. 3(4), Hanoi, Vietnam, 1994.
Shigeyuki Itow, “The Philosophy of Asia-Pacific Region: Individualism, Collectivism, or Systemism,” *International Business in the Russian Far East*, (eds. Jung-Bae Kim and Vladimir T. Shishmakov), Seoul: Korea-Russian Far East Academic Exchange Association, 1996.
Shigeyuki Itow, “The Business Order in Asia-Pacific Region,” *The Asian Manager*, Manila: Asian Institute of Management (CD-R).
Jong-Oun Kim, “A Study on the Creation of the Northeast Asia Development Bank: For Economic Development in the

Northeast Asia," *International Business in the Russian Far East*, (eds. Jung-Bae Kim and Vladimir T. Shishmakov), Seoul: Korea-Russian Far East Academic Exchange Association, 1996.

Paul R. Viotti and Mark v. Kauppi, *International Relations Theory*, Macmillan, 1987.

金宗火玄・大西建夫編『韓国の経済』(早稲田大学出版会、一九九五年)

李圭泰『韓国人の情緒構造』(新潮社、一九九五年)

志方俊之『極東有事——かくして日本は戦争に引き込まれる』(クレスト社、一九九六年)

Doo-Boem Shin『韓国政治の現在』(有斐閣、一九九六年)

渡辺利夫編『概説・韓国経済』(有斐閣、一九九〇年)

山本武利編『日韓新時代——韓国人の日本観』(同文館、一九九三年)

第九章　二一世紀における国際関係と韓国

韓国を訪問して友人も多くなり、最近以下のように感じることが多くなった。第一に、分断国家でありながら、経済的に発展が著しく、先進国になったこと。第二に、古い文化と伝統がしっかり身に付いていること。第三に、韓国の地方を訪問すると人情の厚い人々が多いこと。第四に、教育水準が高く、高学歴であること。第五に、韓国は国際関係から考察して、近隣諸国と対立ではなく、協力する事によって北東アジアに新しい国際秩序を形成する要になっていることである。実際、このことは韓国の底力であることを見逃していることだ(1)。新しい世紀の韓国の国際関係における役割について考察してみよう。

1　二〇世紀の国際関係と世界観——地域主義から地球主義を経て惑星主義へ

二〇世紀は戦争の歴史であったといわれている。二一世紀もまた同じことを繰り返すのかどうかは、われわれの意志にかかっている。手短に振り返ってみよう。二〇世紀の幕開けは、大英帝国の南アフリカ・ケープ植民地支配、大英帝国によるダイヤモンド、金の略奪に対する反対に立ち上がったボーア人との間で展開されたボーア戦争(南ア戦争　一八九九〜一九〇二)で始まった。その後一九一四年からの第一次世界大戦、一九三九年からの第二次世界大戦と続く。日本は、二〇世紀初頭の一九〇四年に日露戦争、そして朝鮮への侵略を開始し、植民地化した。次に中国、そして東南アジアへと侵略を拡大、日本敗戦の一九四五年まで続いた。韓国と朝鮮のみならず、中国や東南アジアの人々に多大な迷惑をかけたことは、歴史的事実である[2]。

これらの戦争は、一六四八年に成立したウェストファリア講和条約の民族国家の成立から始まった国家主権のあり方が根本にあったといえよう。換言すれば国家中心主義の思考が根底にあり、全てを国家に還元する思考が原因であった。国家と国家の間は対抗的であり、まさに対抗的関係が国際関係を規定し、そのような関係が究極的に冷戦構造を作り出した。そのために人々の意志は、狭い国家中心の利益主義に凝り固まり、地球的視野をもった世界観に立脚していなかった。

二〇世紀の国際関係は米ソの対抗関係にありながらも、両陣営の産業の発展、市場の拡大と共に両陣営共通の問題が発生してきた。その問題は、環境問題であった。水の汚染、海洋の汚染、大気の汚染、炭酸ガスによる地球の温暖化、酸性雨による植生の変化、そして砂漠化と食糧不足の発生が好例であり、国家のみならず、人々も地球を意識せざるを得ない生活に追い込まれた。ローマ・クラブの「宇宙船地球号」という言葉が全地球上のマスコミによって伝播され、多くの人々の心をとらえ、学習され、社会化した。またこの延長線上に情報技術の発展があり、インターネットの普及がますます地球一体化の意識を強化し続けている。新たな地球的世界観の形成と宇宙船地球号の哲学の形成を示唆している。

二一世紀も、ニューヨークの世界貿易センターのテロによる破壊、米国とアフガニスタンのタリバン政権との戦争から見て、また戦争の歴史を繰り返すのかどうか。文明の衝突を避け、文明の対話を通じてわれわれの地上に平和と幸福をもたらすことができるのか。二一世紀の幕開けに生きている人間として自分自身に問いを発しなければならない責任がお互いにあると断言して良い。今日は、ここ地球上の釜山でこのことをじっくり考えてみようと思う。

二一世紀にもまた人類の戦争の歴史を刻印しない知恵とはどんなものか、ここで披露してみよう。今日、地球的世界観を定着させる必要があることはどなたでも認めざるを得ないであろう。その一方でわれわれの地球はこの大宇宙の瞬間的存在であることとの認識である。宇宙的世界観あるいは惑星的世界観の意識化である。あるいは宇宙意識あるいは惑星的意識の大切さである。地上の平和と幸福の到来は、われわれの意識の地域化と共有化である。そうさせるには大局的で、広大な宇宙意識あるいは惑星的意識の共有化しかないであろう。新しい国際関係のあり方は、宇宙船地球号以外の「宇宙基地」(現在建設中)や米国・アリゾナ州ツーソンでの実験、フランス・ストラスブールにある国際宇宙大学、ドイツ・ポツダムにある国際平和大学、コスタリカの平和大学などが提示するようになるであろう。結論的に、宇宙意識あるいは惑星的意識の現実化となって現れるであろう。

2　二一世紀の韓国と展望の視点——惑星主義から地球主義を経て地域主義へ

二一世紀の国際関係は、国家中心の地域主義を脱却し、惑星主義を意識しつつ、地球主義を基にした国家の相互浸透が深化した地球関係が明確化したものとなろう。韓国にとっての二一世紀は、一方で惑星主義から地球主義を意識しつつも、他方で韓国独自の地域主義が決定的に大事な世紀になるであろう。ここでいう韓国独自の地域主義とは、韓国国内の平和、繁栄、幸福の実現のために、韓国国外の近隣諸国との関係のあり方を指し示す韓国の主張を指す(3)。

主張1　韓国は非常に良く組織化された国家である。国名は大きく大韓民国であるが、実際は小さい国の方である。

主張2　韓国は朝鮮民主主義人民共和国との統一のために、太陽政策を掲げながらも統一を性急に進めない。性急に進めようとすればするほど、財政負担が増えるからである。

主張3　韓国は先進国である。しかしながら、この豊かさを持続させるためには市場が小さ過ぎる。そのため特に日本、台湾を含めた中国、米国との共同事業を拡大する。

主張4　韓国は近隣諸国との共同事業を推進させて韓国の富の蓄積を高め、近隣諸国との紛争を縮減する。

主張5　韓国は近隣諸国との自由貿易協定を主導し、共同市場形成の指導者である。今日、韓国製品は、韓国製品名で売れる高い質を持っているからである。

主張6　韓国はアジアの金融センターであり続ける。チェジュ(済州島)は税金なしの天国である。

主張7　韓国は倫理・道徳と教育を重んじ、家族を大事にし、伝統を重んじる。何故ならば両班制度の伝統があるからだ。

主張8　韓国は熊の神話を信じている。その熊は、地球から生成したこと、さらに宇宙の中で生き、惑星間の旅行から生成してきたことを信じている。

二一世紀の韓国は、以上のような主張によって地球主義から宇宙を意識した惑星主義の明るい展望を持ち、二一世紀の人類の見本になることを目指している。遺伝子から見ても、宇宙から見ても韓国、日本、台湾、中国の人々は差異がない。攻撃用ミサイルもそれらの人々の区別ができなく、攻撃するには話しかけてみなければ区別できないであろう。お互いに攻撃するのではなく、話しかけてみることから二一世紀を創造する第一歩が始まる。この意味で、韓国の北東アジアでの位置は重要である。

註及び引用文献

（1）　筆者は、韓国の外交官・徐賢燮博士の著書を拝読、多くの刺激を得た。韓国の底力は以下の作品から得ることができるだろう。

徐賢燮『日本の底力』（原題・日本はある）（光文社、一九九五年）

徐賢燮『日韓曇りのち晴れ』（葦書房、二〇〇〇年）

徐賢燮『日韓あわせ鏡』（西日本新聞社、二〇〇一年）

徐賢燮『日本人とエロス』（総合法令、一九九八年）

（2）　韓国と日本の関係、及び国際関係と国際法の導入のあり方について、興味ある著書には次のものがある。

徐賢燮『近代朝鮮の外交と国際法受容』（明石書店、二〇〇一年）

孔義植『朝鮮開国の要因に関する研究』（学位論文、二〇〇二年）

（3）　この主張は、二〇〇一年一一月二二日、韓国・釜山外国語大学校国際シンポジウム基調講演の要旨として記述したものである。

参考文献

伊藤重行『システム哲学序説』（勁草書房、一九八八年）

伊藤重行『アジア・太平洋関係論』（あきつ出版、一九八三年）

伊藤重行『日本からの新しい文明の波』(勁草書房、一九九五年)

Itow, Shigeyuki “Self-Organizing Leadership in Japanese Management,” *Cybernetique*, Vol.36, No.1, Belgin, 1993.

Kim, B.A. and Itow, S., *et al, Doing Business in the Asia Pacific Region Countries*, Korea, 2001.

Laszlo, E. Itow, S., *et al, Goals for Mankind*: The Fifth Report of the Club of Rome, Dutton, New York, 1980(日本語版『人類の目標』大来佐武郎監訳、ダイヤモンド社)

Laszlo, E., *Macroshift*, New York, 2001(日本語版『マクロシフト』文春ネスコ、二〇〇二年)

Whitehead, A. N., *Modes of Thought,* NY, Macmillan, 1938(日本語版『思考の諸様体』松籟社)

第一〇章　日本の東南アジア外交

――村山内閣を中心に

本章では、村山内閣が成立した一九九四(平成六)年六月三〇日から辞任発表をした一九九六(平成八)年一月五日までの東南アジアに対する政策について考察する。この内閣が成立した経緯については十分承知のことであるが、その前の羽田内閣の総辞職による自由民主党、日本社会党、および新党さきがけの連立に始まる。日本社会党が政権に入ることには多くの国民が驚いた。しかしそのことによって日本の政治のあり方が大きく変わったことをみれば、日本社会党にあっても村山富市という人物によって初めて政権に入ることを契機にして大転換が可能となったといっても過言でなかろう。彼の東南アジア政策は、既存の日本政府が推進していた政策から特別に変わったものがあったかといえば、否であるが、しかし既存の日本政府が積極的に展開できなかった戦後処理問題に対して積極的姿勢で対処した点で歴史的評価を与えることができよう。彼の政治思考と彼自身の謙虚な性格がそうさせたものと結論できるかも知れない。これまでの日本の外交政策の継承に彼の力点があったと見れば、問題点として揚げることはないが、もう少し独自性を出しても良かったのではないのかという視点から見れば、多くの問題点を指摘できるだろう。とはいえ多大の迷惑をかけたアジア諸国に対する村山総理の「内閣総理大臣の談話」[1]は、その意味の重大さから歴史的記録として残ると考えられる。

1　村山富市首相の東南アジア訪問外交に対する各国の評価

一九九四(平成六)年六月三〇日に自由民主党内の内部調整によって、ある意味では全く偶然であろうか、あるいは歴史的必然であろうか村山富市日本社会党委員長は、第八一代総理に選出され、「自社さ政権」のまとめ役としての役割を果たす政権を成立させた。彼が政権につくと、七月九日に北朝鮮の金日成の死去と相まって、直ちに韓国を訪問し日韓首脳会談をもった。そこでこれからも日韓関係は重要であり、また北朝鮮の動向についても見守って行くことで意見の一致を確認した。そのから一カ月後に彼は東南アジアの公式訪問に旅だった。その目的は、第一に、従来の基本的外交方針の継承とアジア重視政策の確認、第二に、冷戦終結後のアセアン諸国とベトナム、ラオス、カンボジアなどインドシナ諸国間の一体化により、東南アジア新時代での新たな日本・東南アジア協力関係の構築、第三に、アジア・太平洋地域の中核的な存在となってきたアセアン諸国との対話の促進にあった[2]。日程としては、以下の通りである。

訪問先	
フィリピン	一九九四年八月二三日〜二五日
ベトナム	一九九四年八月二五日〜二六日
マレーシア	一九九四年八月二六日〜二八日
シンガポール	一九九四年八月二八日〜三〇日
インドネシア	一九九四年一一月一二日〜一五日

(1)　フィリピン訪問——一九九四年八月二三日〜二五日

東南アジアへの村山富市総理大臣の第一番目の訪問国は、フィリピンであった。フィリピンの大統領府・マラカニアン宮殿でラモス大統領と会談し、これまで通り両国の関係強化が確認された[3]。そこでの会談の焦点は、元従軍慰安婦問題であった。村山総理は、「おわびと反省の気持ちをわが国がどう表すか、できるだけ早期に結論を出したい」と約束して、女性のための職業訓練センターの設置や歴史研究、青少年交流を含む各種施策の具体化を検討していることを伝えた。またラモス大統領は、「過去の問題は日比間における黒い雲だが、いつまでも先の大戦をうんぬんするのではなく、未来に向かって進むべきだ」と、未来志向の姿勢を打ち出した。さらに日比混血児問題にも前向きに取り組むように求めた。村山総理はこれらの問題に対して前向きに取り組むように約束して会談を終えた[4]。公式な論調は上述のようであったが、しかし東南アジアの新聞は、村山総理訪問前の桜井新国務大臣の「日本はアジア侵略戦争をリードしたくなかった」といった発言、そう言った後での彼の辞任をすばやく報道したし、またフィリピン婦人問題保護機構のサンチョ会長の「村山総理滞在中、日本大使館と彼のホテルにデモをかける」といった発言を掲載して、フィリピン側の立場を明解に報道していたのである[5]。

(2) ベトナム訪問——一九九四年八月二五日〜二六日

フィリピン訪問を終えた村山総理は、次に一九七六年の南北統一後、初めて日本からのベトナム訪問を果たした日本代表の人物になった。この訪問の意義についてどのように考えても両国にとって非常に大事であったといわざるを得ない。ベトナム戦争で米国に勝利したベトナムにはベトナムのプライドがあったし、また日本側は米国のベトナム政策を気にし、独自の政策を遂行できるまでになっていなかったからであった。このように明言できるのは、一九九四年春に米国のベトナム政策が変わった後に日本の代表である村山総理が行ったことから明らかである。ベトナムのボー・バン・キエト首相と村山首相は、会談で日越新時代を語り、村山総理がドイモイ政策を支持する一方で、ベトナム首相が日本の対ベトナム政府開発援助の増額を求めたのに対して前向きに検討することを約束し、さらに今後政治対話の促進と外務次官級協議を新設することで合意した[6]。戦争問題では、ボー・バン・キエト首相の「過去の扉を閉ざして、ともに未来へ歩こう」の発言は、両国にとってこれからの関係を大事にして行こうとするメッセージであったと考えられる。

今回の村山総理のベトナム訪問時にベトナムとの間で調印した条約には、以下のものがある[7]。

一、第一次初等教育施設整備計画のための贈与取極　一四億四六〇〇万円
二、第二次ハノイ市ザーラム地区上下水道整備計画のための贈与取極　二七億六六〇〇万円
三、カントー大学農学部改善計画のための贈与取極　一五億一八〇〇万円
四、ハノイ市医療機材整備計画のための贈与取極　一一億二六〇〇万円
五、チョーライ病院改善計画のための贈与取極　八億七七〇〇万円
六、青年海外協力隊派遣取極

以上のような取極(取決ともいう)の中で、青年海外協力隊派遣取極を除く他の五つは、贈与取極で約七七億円にものぼるものであったため、新聞は「村山はベトナム支援を約束」という見出しを付けて報道した。そして昨年度も同額程度の支援をしたので、世界最大の贈与者となった。がしかし世界の投資国として日本は、台湾、香港、韓国、オーストラリア、シンガポール、マレーシアに次ぐ七番目であり、日本の投資家たちはさめた目で見ているると報じている[8]。

(3)　マレーシア訪問——一九九四年八月二六日〜二八日

二日間滞在のベトナム、その中で六つもの条約締結で多忙を極めた村山総理は、次の訪問国のマレーシアに向かった。そこでは三日間の滞在であった。マハティール首相は、進言として「日本が五〇年前に起きたことを謝り続けるのは理解できない。現在から未来に向かって進めるべきだ。……また日本の

国連への常任理事国入りを支持」すると記述されている[9]。だがマレーシアの新聞では、その一面見出しそのものが「マレーシアは日本がＥＡＥＣ(東アジア経済協議体)形成から得る利益のことを理解するよう望んでいる」[10]というものであった。その内容を読むと、東アジア経済協議体は、開放的地域主義であり、多国間貿易体制堅持であると述べ、それは地域の経済発展に非常に貢献するものとなることから日本の参加が自然なものであると促している。さらにマハティール首相は、世界経済をＥＵ、ＮＡＦＴＡ、ＡＳＥＡＮを含む東アジアの三極化傾向に言及し、排他的経済グループ化を東アジア経済協議体は目指すものではないと村山総理に夕食会で語ったとしている。

また日本の国連での国際的役割を積極的に果たすことを歓迎する一方で、これからの日本との相互互恵的経済交流の強化促進について言及している。最後の記事の所で、村山総理は娘のナカハラユリさんと一緒に来訪し、その娘さんが孤児院を訪問、そこで孤児を抱いているところを写真入りで詳しく報道している。同じ新聞の国内版の見出しは、「村山、東アジア経済協議体を真剣に考える」[11]となっている。このことは、マレーシア側が日本に何を期待していたかが明確である。その後、日本はどのようにマレーシアの東アジア経済協議体構想に対処したのだろうか。日本政府はマハティール首相の期待に対して消極的であったことは事実であり、多くの民間人が心配して東アジア経済協議体構想支持を打ち出したのであった。だがどうもその後の動向を見てみると、米国と韓国の反対、日本の消極姿勢、オーストラリアやニュージランドとマレーシアの対立、アジア・太平洋経済協力会議(ＡＰＥＣ)との違いを明確にできなかったようで、東アジア経済協議体構想は構想に終わったように見受けられる[12]。

（4）　シンガポール訪問——一九九四年八月二八日～三〇日

マレーシア訪問を終え、村山総理は次の訪問国、シンガポールに向かった。当地の新聞見出しは、「村山、東南アジア訪問最後の行程ここシンガポールに着く」というものであった[13]。その報道の内容は、控えめであったといえよう。まず村山総理の公式訪問は日本の外交政策を説明するものであり、彼の娘やその他の外交団員と共にシンガポール入りし、公式行事としてゴ・チョク・トング首相、オン・テング・チョン大統領、リ・クアン・ユー前首相などとの会談および会食を行うと報道していた。次に新聞社とのインタービューで、村山は日本がシンガポールを地域と地球的問題を話し合うパートナーになってもらいたいと語ったと述べ、日本占領時に亡くなった犠牲者を慰霊している慰霊塔に参拝、日本からの初めての公人として献花をしたと、さらに占領時日本軍に殺された四地域の代表者と会談したと報道している。この墓地訪問を受けた外務大臣ジャクマール教授は、報道機関のインタビューでこの村山首相の墓地訪問が日本の首相としての、また日本政府の行為として極めて重大なことであった述べている。さらに新聞の文面は、村山総理の犠牲者慰霊塔での行動、つまり献花をし、頭を下げ、黙祷をし、一分間そのまま不動で立ち、その後その慰霊塔の周りを回り、また頭を下げ、一分間ぐらいの黙祷後、記帳したと、実に詳細に報道しているのである。以上のように、シンガポールはこの村山総理の訪問を日本占領時を中心にした視点、そしてシンガポールの国民向けに日本全体の過去と現在の動向を伝えようとした報道であったといえよう。村山総理に同行していた娘の動向についても、実に詳しく履歴書風に報道していた。

前日の控えめな報道から、次の日の第一面の新聞報道は「日本は積極的な地域の役割を果たさなければならない、とゴ首相語る」と報道した[14]。シンガポールと日本の間での経済協力の拡大発展、シンガポールの産業構造の改善ための日本の協力、東南アジアの第三国に対する両国の投資協力の可能性、東南アジアの第三国の人材育成のための共同事業の拡大などが両首相によって話され、両国共同で国際シンポジウムを東京で開催することに合意したと報道されている。またシンガポール側の歓迎会食の席で、ゴ・チョク・トング首相は、日本がアジア・太平洋諸国と共に歩むことを長きに渡って理解してきた国であり、一九七六年には故三木武夫首相の汎太平洋共同体構想や一九七九年には大平内閣のアジア・太平洋構想などがあったと褒め称え、今日のアジア・太平洋経済協力会議(ＡＰＥＣ)やアセアン地域フォーラムに対する日本の指導者的態度を高く評価したいと述べた。そして二〇三〇年までには、経済の重心をこのアジア・太平洋に移すよう努力し、この地域に住んでいる人々に輝かしい未来を享受するようにしたいと語った。そのような言葉を受けた村山首相は、シンガポールはアジアのみならず世界で最も成功した経済発展モデルを提供した国と褒め称え、長きに渡って培ってきたお互いの友好関係を今後も続くよう希望すると共に、二一世紀はアジアの世紀であると確信すると述べ、会食を終えたと報道されている。

このシンガポール訪問は、シンガポールの立場から見ればリ・クアン・ユー前首相が語ったように「過去からの決別」であっただろうし、また新世紀に向けてシンガポールと日本との協力関係強化、さらには日本の役割を再認識させるものであったといえよう[15]。

(5) インドネシア訪問——一九九四年一一月一二日〜一五日

村山総理のインドネシア訪問は、上述のフィリピン、ベトナム、マレーシア、シンガポールの四カ国訪問とは別のインドネシアのジャカルタで開催されたアジア・太平洋経済協力会議(APEC)が初めてであった。しかし日本とインドネシアの関係は、その経済協力関係の数字を見るだけで十分であろう。日本からの政府開発援助資金は、アジア諸国の中で第一位を占め、また直接投資の累積額も世界で第一位になっていることがこれら両国の関係の深さを物語っているし、両国の要人往来の頻度から見てもそうであるといえる[16]。

アジア・太平洋経済協力会議(APEC)の中で、シアトル以来の閣僚会議が一一日〜一二日にジャカルタで開かれ、六回目を迎えたこと、一五日にボゴールで非公式首脳会議が開催されたこと、さらにインドネシア、米国、中国、韓国の首脳と会談を持ったことをまず記しておこう。そしてまたこのアジア・太平洋経済協力会議(APEC)では、村山総理が一九九四年八月にフィリピン、ベトナム、マレーシア、シンガポールの四カ国訪問、特にシンガポールが提案した様々なプロジェクトがこの会議の中に登場していることが散見されるし、その他の東南アジア諸国やそれ以外のアジア・太平洋地域の首脳と面識を持つのに絶好の機会であった。

アジア・太平洋経済協力会議(APEC)の閣僚会議共同声明によれば、この会議で経済動向及び諸問題、貿易及び投資の諸問題、賢人会議第二回報告、太平洋ビジネス・フォーラム報告、人材育成、公共及び民間インフラストラクチャーの改善における協力、中小企業、首脳のヴィジョン及びイニシアティヴの実施、ＡＰＥＣ作業計画、機構問題、その他が議論されたと報告されている[17]。

　以上の中でも、特に貿易及び投資の諸問題の中で議論され、その結果貿易と投資の自由化促進に大きな成果があったといえよう。このことは、世界貿易機関（ＷＴＯ）設立を視野に入れたもので多角的自由貿易体制の下でより一層の貿易と投資の自由化を求められることからアジア・太平洋経済協力会議（ＡＰＥＣ）加盟国内でも促進しようとしたものである。具体的には、域内の製品規格、輸出手続きの統一、相互承認を推進する基準・認証枠組みの宣言、企業の非拘束的で自由な投資の促進などが議論され、総論的合意を得た。またもう一つの成果は、村山総理とゴ・チョク・トング首相が八月に話し合った人材育成の件が、今回インドネシアのイニシアティヴでアジア・太平洋地域での人材養成枠組み宣言として合意をみたという点であった。これはアジア・太平洋地域の多様性を理解し、より一層の開発協力のためにどうしても必要であると加盟国がお互いに認めたことを意味する。この点で河野外務大臣の「貿易、投資、自由化と開発協力は車の両輪である」という言及から先進国、途上国を問わず、それぞれの経験と技術を生かした支援ネットワークの形成を目指そうといった提案は広く受け入れられたと見て良いであろう[18]。

　以上のような成果を踏まえた上で、一五日にボゴールで開かれた非公式首脳会議でも地域内での貿易と投資の自由化という今後の政治的方向性を示したこと、域内ブロック化を避け、多角的自由貿易体制に向かうことを確認したことでそれぞれの国に帰っていった。村山総理は、学んだ点も多かったと同時に、自らの考え、そして日本の外交政策の常道さを確認できたインドネシア訪問であったと思われる。

2　村山富市首相の東南アジア訪問外交の重点策と「内閣総理大臣の談話」

村山総理の八月のフィリピン、ベトナム、マレーシア、シンガポールの四カ国訪問で彼が公的に会談し、日本の代表として語った内容からの重点策をここでまとめて見ることにしよう。また七月の総理就任直後の韓国訪問、さらに一一月のインドネシア訪問も考察の対象にして総合的にここで論じてみることにしよう。

彼の四カ国訪問の最後の地、シンガポールの報道関係者との会談で、総括的な発表をした。それは、彼村山総理の東南アジア訪問外交の重点策と置き換えて見ることもできる。

第一に、彼は日本と東南アジア諸国との関係拡大のイニシアティヴを取ることを約束した。

第二に、彼は日本が軍事的脅威とはならないこと、核を製造しないし、また所有もしないこと、さらに専ら防衛指向政策のみを堅持することを約束した。

第三に、彼は日本のアジア政策としてアセアン諸国と共にさらなる発展のためのパートナーシップ組んで共に歩むことを約束した。

第四に、日本の政府開発援助の拡大、私企業の投資と貿易の拡大、人材育成に協力することを約束した。

第五に、日本はインドシナ諸国の経済発展のためのアセアンの努力をより一層支援することを約束した。

第六に、日本はアジア・太平洋経済協力会議のフォーラムやアセアン地域フォーラムを推進することでアジア・太平洋の地域協力の拡大高揚を約束した。

第七に、日本は東南アジア諸国との協力を通じて、環境、人口、麻薬、エイズなどの問題解決に努力することを約束した。

第八に、日本は第二次世界大戦中にこの地域の人々に耐え難いほどの苦しみと悲しみを与えたことに対して常に心憶きして置くことを約束した。

第九に、日本はアジア近隣諸国とのそれまでの関係の歴史を直視し、子孫に伝え、これからより一層の相互理解を深めるように努め、これから未来を担う若者の交流を促進することを約束した。

以上のような約束に加えて、村山総理は各国の繁栄とより一層の経済成長に非常に期待しており、また高い見地から東南アジア諸国のアジア・太平洋地域での中心的役割を果たすこと、地球的安定と繁栄に向けて関心を拡大することを望むと言及した[19]。

村山総理は、東南アジア訪問、韓国訪問、そして日本社会党時代に培った哲学と思想、未来を洞察する思考から一九九五(平成六)年八月三一日に「内閣総理大臣の談話」として世界に向けて発信した[20]のであった。その内容は、おおよそ上記のシンガポールでの記者会見のなかで言及したものと一致している。彼は、東南アジア訪問から経済大国日本が軍事大国日本にならないようにするために、相当抵抗があったが自分が総理になった意味はそのためだといい、押し切ったというほどの強さを持ち、おっかなびっくりにも彼に支持する政治家が多くなったという[21]。彼のこの談話によって二〇世紀初頭から中期まで続いた日本の対外膨張政策に対する最終声明として決着し、朝鮮半島の植民地化、日中戦争、大東亜戦争、日米対決と第二次世界大戦への日本の反省として受け入れられることを希望するものである。

3　村山富市首相の東南アジア訪問外交に対する総括的評価と問題点

村山総理の東南アジア訪問外交は、多くの点で高い評価をすることができよう。フィリピン訪問での会談の焦点は、元従軍慰安婦問題であった。村山総理は、「おわびと反省の気持ちをわが国がどう表すか、できるだけ早期に結論を出したい」と約束して、女性のための職業訓練センターの設置や歴史研究、青少年交流を含む各種施策の具体化を検討していることを伝えた。また日比混血児問題にも前向きに取り組むよう約束した。

ベトナムのボー・バン・キエト首相との会談では、日越新時代を語り、村山総理がドイモイ政策を支持する一方で、ベトナム首相が日本の対ベトナム政府開発援助の増額を求めたのに対して前向きに検討することを約束し、さらに今後政治対話の促進と外務次官級協議を新設することで合意した。さらに言葉ではなく、実質的に条約締結による両国間の協力関係強化策を実行に移したことが信頼醸成となり、成果は大である。

マレーシアのマハティール首相との会談では、専ら彼からの東アジア経済協議体の談義であったといえよう。新聞の国内版の見出しは、「村山、東アジア経済協議体を真剣に考える」となっていた。このことは、マレーシア側が日本に何を期待していたかが明確である。村山総理は「話を聞いた」だけで納めたようである。だが毎日新聞特派員・大野俊氏によれば、マハティール首相は、日本に東アジア経済協議体構想の実現のために、「日本が五十年前のことを謝り続けるのは理解できない」とか「五十年前のことで補償を求めるとなると、その前の(欧米)の植民勢力への要求はどうだとなる」とリップ・サービスしたのではないかと書いている(22)。仮にそうだとしても、的を得た発言であると評価できないであろうか。アジア経済の強力な発展とアジア文明の世界参加が実現した後での後世の歴史家の評価は、マハティールの発言を公平にして正義であると評価するものと考えられる。マハティールの発言にフィリピンは反対したとのこと。村山氏はどのように考えているか伺ってみたいものである。

シンガポールのゴ・チョク・トング首相、オン・テング・チョン大統領、リ・クアン・ユー前首相との会談では、シンガポールのこの地域での前向き姿勢がそのまま現れていた。それに相槌を打ちながらも、村山総理の目的とした日本占領時に亡くなった犠牲者の慰霊塔への参拝は、日本からの初めての公人として献花をしたので高く評価したい。シンガポールはこの村山総理の訪問を日本占領時を中心にした視点、そしてシンガポールの国民向けに日本全体の過去と現在の動向を伝えようとした報道にあったと思えるが、老練な総理がうまくこなしたと評価できよう。

インドネシアのスハルト大統領との会談は、ジャカルタで開催されたアジア・太平洋経済協力会議(APEC)が初めてであった。村山総理はこれまでの関係継続を約束したにすぎない。それにしても日本とインドネシアの関係は、その経済協力関係の数字を見るだけで十分であろう。日本からの政府開発援助資金は、アジア諸国の中で第一位を占め、また直接投資の累積額も世界で第一位になっている。しかし、あまりにも日本はインドネシアに深入りしていると考えられないだろうかという問いもある。スハルト体制下での開発独裁に批判が多くなってきたし、非民主政治に対する非難や人権問題もかかえている国である[12]。結局のところ、村山総理の東南アジア訪問外交に対する総括的評価は、上記のように多くの点で高い。問題点は日本の代表として日本の立場を説明したに過ぎなく、過去の問題処理に終始したに過ぎないといえよう。それだけでも良いという評価もまた一方にある。新世紀の真なる指導者は、少なくとも英語ぐらいで会談できるようになってもらいたいものである。そうなるならば、それだけで日本の役割が倍以上に評価されることになるであろうからだ。

4　戦後処理問題に終止符を打った村山政権

村山富市氏は、歴史の過程的流れと時代の要請で内閣総理大臣の椅子に座らされ、また日本国の首相となり過去の政権政党ができなかった戦後処理問題に終止符を打った。と同時に日本社会党の路線変更を時代の要請に応じて成し遂げ、今日、社民党の長老として今なお日本外交で活躍している人物である。彼は、大分弁の「そうじゃのう」を連発しながらも、人の心を抱握し、したたかに自らの意志を表し目的を実現していく人物である。

同様に、彼の東南アジア訪問外交の会談においても、東南アジア四カ国のしたたかな首脳を説得し、自らの意志を通し、日本のために尽くしてきた。彼の「内閣総理大臣の談話」は、アジア諸国にとって高い評価が与えられ歴史的に残っていくであろうし、また後世の日本の政治権力者に正道を歩むように要請する道程図となろう。

彼が東南アジア訪問外交の会談においてのみならず、他の重要な会談においてもひょうひょうと事を治めることができるのは、第二次世界大戦時の軍事訓練や学生時代の哲学研究に根源がある。また彼の記録から見て、社会党に入り、活躍したのもあの北海道池田町のワイン町長で有名になった丸谷金保氏に師事したことからであろうと想像できる[24]。長い間に培ってきた彼の信念が彼を政治家にさせ、最近の北朝鮮問題の解決に向かわせたに違いないと読みとることができる。

註及び引用文献

（1）外務省編『外交青書一九九五』（第I部、一六九～一七一頁）
（2）外務省編集『世界の動き』（五五四号、一九九四年、一〇頁）
（3）外務省編『外交青書一九九五』（第II部、三〇頁）
（4）井坂公明「村山首相が東南ア四カ国訪問」（『世界週報』一九九四年九月二〇日、七四頁）
（5）*The Straits Times*, 17 page, August 21, 1994.
（6）井坂公明「村山首相が東南ア四カ国訪問」（『世界週報』一九九四年九月二〇日、七四頁）

(7) 外務省条約局『条約集』(平成六年二国間条約)(二四〇一～二四三一頁)
(8) *The Straits Times*, August 25, 1994.
(9) 井坂公明「村山首相が東南ア四カ国訪問」(『世界週報』一九九四年九月二〇日、七四頁)
(10) *New Sunday Times*, August 28, 1994.
(11) *New Sunday Times*, August 28, 1994.
(12) 寺田貴「APECにおける日本の役割」(『外交フォーラム』世界の動き社、一九九五年、七九巻、四月号、五八～六三頁)
(13) *The Straits Times*, August 29, 1994.
(14) *The Straits Times*, August 30, 1994.
(15) 井坂公明「村山首相が東南ア四カ国訪問」(『世界週報』一九九四年九月二〇日、七四頁)
(16) 外務省編『外交青書一九九五』(第I部、二八五～二八六頁)
(17) 外務省編『外交青書一九九五』(第I部、三一～三六頁、二一二～二二一頁)
川上高司『米国の対日政策』(同文館、一九九六年、二〇九～二一七頁)
(18) 外務省編集『世界の動き』(一九九五年、五五七号)
(19) *The Straits Times*, August 30, 1994.
(20) 外務省編『外交青書一九九五』(第I部、一六九～一七一頁)
(21) 村山富市『そうじゃのう……』(第三書館、一九九八年、三三～三四頁)
(22) 大野俊「マハティール波紋呼ぶ発言」(『アジア時報』一九九四年、二九四号、九四頁)
(23) 平和・安全保障研究所編「インドネシア」(『アジアの安全保障——一九九六～九七』(二〇二～二〇七頁、朝

雲新聞社、一九九六年）

（24）村山富市「あの頃をふりかえって」（『明治大学百年の顔』（明治大学雄弁部編）（暁書房、一九九六年、二二八〜二三一頁）

参考文献

案浦崇『シンガポールの経済発展と人的資本論』（学文社、二〇〇一年）

井沢良智・八杉哲編『経営グローバル化の課題と展望』（創成社、二〇〇三年）

日本国際政治学会編『ＡＳＥＡＮ全体像』（第一一六号、一九九七年）

ブライアン・ウオン『アセアン諸国の経済』（谷沢書店、一九八四年）

中野洋一『軍拡と貧困の世界経済論』（梓出版社、二〇〇一年）

藤本一美『戦後政治の決算』（専修大学出版局、二〇〇三年）

岡野加穂留・藤本一美編『村山政権とデモクラシーの危機』（東信堂、二〇〇〇年）

（本論文作成にあたって、村山富市衆議院議員の佐々木美枝秘書に資料提供のお世話になった）

第一一章　デモクラシーの形成途上国のベトナム

日本とベトナムの交流関係の開始は、朱印船時代の一七世紀初頭からであり、これまで紆余曲折がありながらも、今日まで続いてきている。ここでは、ベトナムの歴史的、文化的、政治的側面の全体的概観を論述した後で、ベトナム戦争終了後から経済へのドイモイ政策を導入し、経済発展がどう進展し、そしてそれに伴う政治とデモクラシーがどのように変化して来たのかについて論じてみた。この研究から、将来のベトナムは、アセアン及びＡＰＥＣの発展と共に、東南アジアで戦略的に重要な位置と地理的条件を兼ね備えた国家になると結論づけている。

1　日本とベトナムとの交流の始まり

これまでベトナムや中国のみならず、またシンガポール、マレーシア、インドネシア、ブルネイ、タイ、フィリピンなどの東南アジア諸国を何度も訪問してきた。返還前の香港やマカオ、そして台湾へも幾度となく訪ねている(1)。それぞれの地に政府高官、研究者、ビジネスマンの多くの友人ができてきた。彼らを通じてアジアには色々な顔が見える。原住民的、ヨーロッパ的、インド的、ロシア的、中国的、アラブ的、米国的顔であったり、また仏教的、キリスト教的、イスラム的文化であったり、さまざまである。それらは長い歴史的要因、政治的要因、経済的要因、文化的要因が絡み合って形成してきた姿を体現しているといえよう[2]。

ベトナムについても上述したいろいろな顔や文化が見え、同じ事がいえる。初めてベトナムを訪問した時、パンの美味しさに驚いたし(フランスの影響が強い)、揚げ春巻き(英語でスプリングロールといい、中国風でありながら独特のベトナム食文化に完成させたもの)や米を原料とした麺のフォー(小麦ではなく米で作っている点で特徴がある)など、ベトナム文化のさまざまな姿をみた。また中部ベトナムの古都、フエの近くにあるホイアンには、安土桃山時代から日本と越南との交易証拠を示す日本人町があり、「日本橋」とついた名の太鼓橋まであり、もちろん日本人の墓標があるし、長崎出身の貿易商・荒木宗太郎がグエン(阮)王朝の娘と結婚していた事実もある[3]。現在以上に日本とベトナムの間には技術移転を含めた相互依存関係が深かったといえよう[4]。

ベトナムの現政治体制は共産主義であるが、植民地支配からの解放のために長い間の戦争状態を考えてみれば、共産主義体制を議論する前に、ベトナムは臨床政治学的に、政治権力をどうしても集中しなければならなかったという客観情勢があったと認めざるを得ない。米国を打ち負かしたベトナムが、一九七三年に国家統一と独立を果たし、一九七六年以降ようやく国内向けに政策を転換し、現在引き続き国家建設の真っ最中なのである。ベトナムの政治的デモクラシーは、西洋的尺度で見れば、緒についたばかりであるが、このような比較はベトナムにとって酷なことといわなければならない。一時的であるにせよ、一九四五年九月二日のベトナム民主共和国成立時のホー・チ・ミン国家主席と国民の関係はデモクラシーそのものの状態であったといえる。けれども、今ベトナムはベトナムなりのデモクラシーを建設中であるという方が正当であろう。ロシア型や米国型ではなく、日本型かあるいはシンガポール型のデモクラシーの形態に近いものになるであろうと予想できる。一九九四年二月にベトナムの国際会議に招待された時、幸運にも現首相ファン・バン・カイ(当時副首相)氏と会談を持つことがあった。都会的センスを持ち、改革派の旗手として自信に満ちたベトナムの将来を熱っぽく語っていた印象が今も残っている[5]。

2　東南アジアにおけるベトナムの政治地理と政治的位置――侵略戦争対抗の歴史

インドシナ半島の東側に位置するタツノオトシゴの形をしたベトナム(公式名、ベトナム社会主義共和国)は、一九九四年七月のアセアン加盟を果たし、東南アジアでめざましい発展を始めており、特に一九八六年末のベトナム共産党第六回大会で採択されたドイモイ(刷新)政策の導入に伴って、国内外に対する市場経済志向を強めてきている。同国の面積は、日本から九州を除いたのに等しく、人口約七〇〇〇万人、勤勉で教育熱心な国柄、年々国際社会の一員になろうと努力している。現在、日本との交流が経済や貿易のみならず、文化と学術の交流の方向にも力を注ぐようになり、日本を国家の発展モデルにしているように見える。しかしながら、ベトナムの歴史を垣間みれば、ベトナム統一の父、ホー・チ・ミンの言葉が忘れられない。彼は、ベトナムにとって「独立と自由ほど尊いものはない」と説き、今も公文書には「自由、独立、幸福」を記させているのである(6)。

簡単にベトナム史を概観してみよう。ベトナムは紀元前から中国の支配下に置かれてきた。紀元後の一八七年の後漢の時代に独立したが、また南北朝、随、唐の支配下に置かれ、九三八年に独立。一四〇七年中国の明朝時代にまた支配下に置かれてしまうのである。一四二八年に明朝からの独立を果たす。日本は一四〇〇年代から明朝との貿易を始めるが、密貿易を取り締まるために勘合符発行した船で明と交易をしたのは一四三四年であった。このころから今のベトナム方面に貿易を拡大していき、フエやホイアンに日本人が住み着き始めたと考えられる。ザヴィエルが鹿児島に上陸したのが一五四九年であったから、安土桃山時代の一六世紀末以降に、日本とベトナムや東南アジアとの貿易が拡大したと見て良いだろう。このころのベトナムは、グエン王朝であった。一八〇二年にグエン王朝がタイソン王朝を倒して正式にベトナムという国が成立した。ところが一八一五年、一九世紀初頭にはもうフランスがベトナムのダナンを攻撃、一八六〇年にはベトナムはフランスの植民地になってしまったのである。同時代にイギリスやポルトガル、スペインなどの植民地支配が日本に伝播し、日本では一八六八年の明治維新が起こる。そして日清、日露戦争と続き、一九四〇年から当時の仏領インドシナ（ベトナム）に進駐し、一九四五年まで突き進むのであった(7)。

ベトナムでは一八九〇年にベトナム統一の父、ホー・チ・ミンがベトナム中部ゲアン省キムリエン村に誕生したのであった。彼は、一〇歳にして反仏民族運動に参加し、その後二一歳で船に乗り渡仏、各地の植民地を眺め、フランス以外にも、イギリス、アメリカ、ロシア、中国、タイなどでの外国生活を経験した。一九三〇年にベトナム共産党(後のインドシナ共産党)を結成し、一九四〇年にベトナムに帰国。一九四五年九月二日にベトナム臨時政府を代表して独立宣言をし、ベトナム民主共和国の国家主席(大統領)になった。しかし、一九四五年九月二三日には、フランスがベトナム南部に進軍する。一九四六年、反仏運動が起こり、第一次インドシナ戦争が勃発。一九五〇年から米国がフランス支援に回っていった。一九五四年に仏軍はディエン・ビエン・フーの戦いでベトナム人民解放戦線に敗退し、その後ジュネーヴ協定で南北ベトナム分断が確定、一九五五年には南ベトナムに親米反共の政権が成立した。一九六〇年からは第二次インドシナ戦争に突入。米国は、一九六一年から南ベトナムで親米政権支援のみに限定し、ソ連との対決を避けた特殊戦争の戦略開始。一九六四年、米国が一方的に仕掛けたトンキン湾事件からベトナム戦争に発展。一九七三年には米国の敗退、そして一九七六年のベトナム社会主義共和国の成立となったのである[8]。

以上、簡単にベトナム史を概観したのであったが、ベトナムは国家建設の暇もなく戦争の歴史であったといえよう。ある時はベトナムの資源を求め植民地化をするため、ある時は文化的支配下に置くため、またある時にはイデオロギーのために、ベトナムは侵略者と戦かわざるを得なかったのであった。そのような情勢下に置かれざるをえなかったベトナムとは、ちょうど朝鮮半島と似ており、政治地理的に海に向かって開かれ、人々や物資の集積に都合が良く、結局資金がそこに集まりやすい状況ができたと考えられる。東南アジアにおける位置から見ても、インドネシアに比べて、ベトナムは外圧のかかる頻度が高く、政治的不安定を招きやすい位置にあると考えられる。

3　ベトナムの統一の父、ホー・チ・ミンとその思想——国家独立の歴史

ベトナムの首都ハノイの大統領府を訪ねると庭の片隅に小さな高床式の家がある。そこがホー・チ・ミンの過ごした家である。山口県萩市にある松下村塾の吉田松陰の家を思い出す程だ。ともかく生活は質素、清廉潔白で何を目的に生きたのかが直観できる。彼、ホー・チ・ミンはベトナムの独立と統一のみを指向し、ベトナムの何世紀にも渡る長い侵略戦争対抗の歴史が生み出した寵児であった。彼は、ベトナムが待っていた歴史的人物であったといえよう[9]。

一八九〇年五月一九日に、ベトナムの歴史などを全く知らないホー・チ・ミンがベトナム中部とはいえ、もうベトナム北部に近いゲアン省キムリエン村に誕生した。彼の名前は、その場その場の護身や苦難を乗り切るためにではあるが、魚のブリの出世魚のように代わっていった。最初の誕生時の名前は、グエン・シン・クン[10]、一八九四年に父親の科挙試験合格を記念して息子をグエン・タット・タイン[11]、あるいはまたグエン・タット・タンと改名した[12]。ベトナム中部の昔の首都フエに行くと、ホー・チ・ミンはここで学んだという場所がある。そのころの名前はもちろんグエン・タット・タンであったが、彼が学んだドンバ小学校やグエン・アイ・クオック学校は、今は有名になっている。一五歳でそこ

の学校に学び、もうその年齢で反仏民族運動に参加した。二年後の一七歳からベトナム南部でフランス語の教師をしたり、一九一一年の二一歳からフランス商船にサイゴン港から乗船、コックをしながら二年間地中海やアフリカのいろいろな国やベトナムと同じような植民地を観察した。またイギリス、アメリカ、フランスや革命後のロシア、中国、香港、タイなどの外国生活を経験している。

一九一七年に、二七歳のホー・チ・ミンはフランスのパリに居を定め、そこではグエン・アイ・クオックという名前を使った。この名前はペンネームで、彼が在仏ベトナム人向けに発行した新聞に使われた名前である。一九二〇年にフランスのツールで開催されたフランス社会党第一八回大会にインドシナ代表として出席、同社会党分裂後に彼はフランス共産党に加わり、アジアの植民地問題、アジア被抑圧民族の解放と独立を訴えた。一九三三年に四三歳の彼は、モスクワに行き、晩年のレーニンと会見、コミンテルン第五回大会に出席した。その直前頃、中国共産党と接触したのだろうと考えられるが中国・広東を訪問、一九二九年に香港でベトナム共産党結成、一九三〇年にそれをインドシナ共産党に変え、設立を宣言した。一九三〇年代末に、彼はベトナム近くの中国・広西省で蒋介石政府軍に共産党であったため、逮捕され、獄中生活を送ったと記録されている。しかしこの頃日本軍が海南島などを支配していたし、また仏領インドシナ進駐しようとしていたのでどちらの方によって逮捕されたのかは定かでない(13)。

一九四〇年に、日本軍の仏領インドシナ進駐と同時に、五一歳になったホー・チ・ミンは三〇年振りに、祖国ベトナムに帰国した。ホー・チ・ミン(胡志明)と名のったのは、この帰国後であったといわれている。この年に日本軍は南下し、仏領インドシナ全土、すなわち今のベトナム全土を支配、その一二月には日米の太平洋戦争に突入していったのであった。一九四五年八月一五日、日本はこの戦争に敗退。同年九月二日に、ホー・チ・ミンはベトナム臨時政府を代表して独立を宣言、新生ベトナム民主共和国の国家主席に就任した。しかし日本は敗退したが、フランス植民地軍はまだそこにいたのであった。これがまたその後の歴史を見れば周知のごとく、ベトナムの発展を阻んでいったのである[14]。

しかしその後、ホー・チ・ミンはベトナムの統一と独立の父として年齢を重ねるごとに、「ホーおじさん」と親しみを込めて、国民から呼ばれるようになった。国民が彼に与えた名前が「ホーおじさん」であるから、ここに初めてベトナムに国民から全面的に支持された政治状態が成立したと言明できよう。この状態は、上からの権力で形成されたものではなく、国民から合意を引き出した権威に基づく国家の成立であったという意味から「ベトナムにデモクラシーが成立した」といえよう。そうでなかったらあのベトナム戦争を戦い抜くことができなかったであろうと考えられる。ホー・チ・ミンは、ベトナム戦争の勝利を確信しながら、二四回目の九月二日の建国の日の一九六九年九月二日に七九歳で昇天した。彼の国家建設の偉業がその後のドイモイ政策の実現と国家経営のあり方に深く関係している。

4　ドイモイ(刷新)と国家経営——戦争の専門家から経済の専門家育成の歴史

ベトナムは、一九四五年以降、フランス、米国、ラオス、中国、カンボジアとの戦いに勝利を重ね、一九七五年に南ベトナムの崩壊によって完全な独立を勝ち取ったが、ソ連との全面的協力関係とコメコン加盟といったことから西側からの経済封鎖という強風が吹き、経済発展の契機すらつかめなかった。つまり、ベトナム戦争時下にあまりにもソ連の庇護の下にあったことが経済の問題を引き起こしてしまったのである。しかしベトナム側に立ってみれば、そういう選択の道しかなかったことが理解できよう。というのも、政治的にはベトナムは共産主義封じ込め政策の下、東南アジア安全保障条約があり、その後の東南アジア諸国連合(アセアン)の結成によって封じ込められていたのであった。

一九七六年に国家統一した後で、初めての国会でベトナム社会主義共和国を成立させ、一九七七年に国連加盟を果たしたものの、ベトナム経済はソ連の援助に依存し、社会主義社会を実現するどころか、国民の最低限の生活保障すらも危ぶまれ、貧困のどん底を飛行していたというのが実状であった。その原因は、一方で西側の共産主義封じ込め政策の結果でもあったが、他方でベトナムには戦争や革命遂行の専門家は多くいたが世界経済や市場経済に精通した経済の専門家がいなかったことによる。この時代のベトナムのエリートや知識人は、ほとんどがソ連もしくはソ連圏への留学であったことからも理解できる(15)。またベトナム政府の要人に会って聞いても、戦争時の国家経営の経験は豊富だが、平和時の国家経営のあり方については暗中模索であるといった感を受ける。例外は、旧南ベトナム中央銀行総裁のグエン・スアン・オアイン博士であった。彼は、既に米国と日本で近代経済学を研究した貴重な人物であったし、彼がドイモイの発案者であったということを忘れてはならない(16)。

ところで、ソ連の方も一九八二年のブレジネフ死後、政権交代が激しくなり、遂に一九八五年のゴルバチョフの大統領就任と共に、新思考、ペレストロイカ(改革)、そしてグラスノスチ(公開)と続き、ソ連の大改革と崩壊となっていたことはもう既に周知のことである。ベトナムでも同じようなことが起こっていた。一九八六年一二月、第六回ベトナム共産党大会は、一九七六年の国家統一後から経済の不振と貧困を克服できなかったこと、ソ連の経済不振と政治改革への動き、そしてマルクス・レーニン主義とベトナムの生活風土との乖離(ここでホー・チ・ミン思想の登場である)、官僚主義などの、俗にいうベトナム病の克服のために、「ドイモイ」政策を打ち出したのであった。ドイモイの基本政策とは、以下の四つの点に向けられていた[17]。

(1)　社会主義路線の変更――統一ベトナム後、ベトナム社会主義共和国は、ベトナム共産党主導の下で社会主義社会の早期実現を目標にしてきた。一八九二年のベトナム共産党の大会で、社会主義体制と官僚主義によるために生産効率の悪さが指摘された。また一八九五年の共産党中央委員会でも官僚主義による補助金制度や分配経済の不公平や情実に対する批判が高まった。そのため、どうしても社会主義社会の早期実現という目標をもう少し長期的な実現という表現に変更せざるを得なくなったのである。この変更は、ベトナム共産党内部での権力闘争を引き起こした。しかし今から見ると、この路線変更はベトナムの将来を明るいものにしたと評価できる。この路線変更の裏には、それまでソ連と一体化路線をとり、ホー・チ・ミンと共に歩んだ革命指導者のレ・ジュアン書記長の寿命が尽きた死があった。ソ連でもやはりブレジネフの死後、変革が始まったのと似ている。

（2）　産業政策の見直し——これはやはりソ連からの離脱を意味するであろう。ソ連は米国との対決で重工業政策を重視し、国民のための食糧増産ではなく、武器や戦車などに向ける産業政策を推進していた。同じことをベトナムも行っていた。ベトナム国民は食糧を欲しがっていたにもかかわらず、産業基盤の脆弱なベトナムで重工業重視の産業政策を実施した。国民は発電機を喰って生きることができなかったのである。このような誤りから農業重視の政策に転換した。これが多くのベトナム農民に受け入れられたことで、ようやくベトナム政府の幹部は外国製イデオロギーからベトナムの伝統を再確認することができた。しかしこのベトナムの伝統と文化は、あの素晴らしい「ホーおじさん」がいつもハノイで国民に見せていたのであった。いずれにせよ将来、農業基盤の近代化の後にベトナムの発展のためには、軽工業で基礎固めをして、次に重化学工業重視の政策が必要になることは間違いない。農機具の生産、自転車の生産、ホンダバイクの生産、そしてそれらの輸出へに道を開き、外貨を蓄え、さらなる発展のために工業化されていくことが期待される。次に先進国の情報社会に対応するために、情報インフラの整備が重要である[18]。

（3）　市場経済の導入——これはベトナムにとっての大改革であった。日本のように戦争に敗退した国では改革は容易でも、ベトナムのように勝利した国が改革するには大変であったことが理解できる。しかもそれまで敵のやり方を導入するのであったからなおさらである。しかしベトナム政府は決断した。市場経済を導入し、経済をより効率の良いものとし、より一層経済改革を推進するという決定であった。従来の官僚主義的で、中央集権的な計画経済の放棄と、国営・公営は残すとしても資本主義的経営や個人経営を認めるものへと変わったのである。ボー・ダイ・ルオック博士が指摘しているように、国家丸抱え(バオ・カップ)制度の廃止は、将来のベトナムの経済発展のとって大切なことである。彼の考えは大方今後のベトナムの市場経済の発展にとって正しい見解である[19]。ただし市場経済の導入は、ソ連崩壊後のロシアのように早急に進めることは避けた方がよい。現在のベトナムの若い世代のエリートがしっかり研究した後でも十分に間に合うことだからである。政治は革命や急激な変化を好むが、経済は一歩一歩であり、早急な変化を好まないからである。政治権力者は常に注意して置くべきことである。

(4)　国際協力への参画——これはベトナムが置かれている政治・経済地理的条件をしっかりとベトナム政府の幹部が理解したことによる。ベトナムはそれまで近隣諸国の中国や日本から侵略され、また欧州の植民地主義者の支配に泣いてきた国である。しかしインドシナの条件の良い位置にあるベトナムは、近隣諸国と協力関係の強化によらなければ、将来の発展が望まれないという落ちついた考えが主流になったということである。ソ連や東欧の社会主義や共産主義政権との深い関係を改めたことは、自由主義の国にとって歓迎された。その後のベトナムは、シンガポール、米国、欧州、そして日本などともあらゆる面での交流が盛んになってきた。また東南アジア諸国連合(ASEAN)

への加盟、アジア・太平洋経済協力会議（ＡＰＥＣ）の加盟などを果たし、重要な国になってきた[20]。

これまで述べたように、一九八六年のベトナムの根本的政策の大転換のドイモイは、新しい国づくりのための大変革であった。まず何故そのような変革が必要なのかを説明しなければならない。一九八七年以降はその理念やその思想の国民的学習に向けられた。また特記すべきことは、ベトナムがこのドイモイを真に実現すべきものと追いつめられたこと。つまり一九八七年からソ連はベトナムへの無償援助が不可能になったからである。さらにベトナムは米国との米兵行方不明問題の話し合いを開始したことである。一九八八年からようやくどん底の経済が少し上向きに向かった動きが出てきた。ドイモイ効果が少し現れたと思える状況である。一九九一年の第七回ベトナム共産党大会は、画期的であった。それは、ドイモイ政策が賞賛され国家建設の基本政策として採択され、ベトナム国家経営のあり方が明確に示されたときでもあった。

その大会で反省を込めて述べられたことを見てみよう。次のようなものであった。すなわち、「ベトナムの大きな過ちは、国家丸抱えの官僚制度にあった。この制度が否定的な後遺症を多く残している。ベトナムは、教条主義的で機械的な主観主義によって社会主義国の建設を推進してきた。投資は重工業に偏り、大規模であることに酔い、総花的に建設を推進してきた。私有制の経済形態の廃止を急ぎ、国営や公営など、集団経済は形式的でありすぎた。管理システムは、行政命令と現物交換によって運営され、商品経済と市場機構が否認され、非効率的であった。だが、一九八六年の第六回大会で、ドイモイ方針が確立してからは重要な変化が起こった。インフレは弱まり、国民に笑い顔が戻ってきた。そしていま、国民は働く意欲をもっている。特に農業生産を奨励したため、米の生産が加速され、米の輸出も行われるようになった。しかしながら、これらの歩みはまだ着実なものではない。現在は古い誤りの後遺症が残っており、新しい多くの困難が発生している。それゆえ、ベトナム共産党はドイモイ方針を支持し、新しい展開に期待している。」[21]と述べている。

ベトナム国家経営のあり方は、この大会で提示された「二〇〇〇年までの経済・社会の安定と発展戦略」に現れている。その中では、就労人口を四五〇〇万人、食糧生産三〇〇〇万トン、石炭生産量一〇〇〇万トン、発電量を九〇年の三倍、一人当たりの国民所得五〇〇ドル、石油精製工場の建設、輸送・通信インフラの整備が明確に示された。ベトナムは、ここに至って国家経営に乗り出すことができるようになったのである。国民資質から見て、早い経済発展の契機をつかみ、東南アジアの重要な国になるであろう。またベトナムにとって米国との国交回復が有利に働き始めた。筆者が最初にベトナムを訪問したのは、一九九二年であったが、その時のベトナムの指導者の自信に満ちた表情を今も思い出す。次にドイモイの一環として提示されたベトナムの政治におけるデモクラシーを考察してみよう。

5　ベトナムの政治構造とデモクラシーの限界——デモクラシー形成の歴史

本章の最初の所で次のように論じたことを思い出してもらいたい。すなわち、「ベトナムの現政治体制は共産主義であるが、植民地支配からの解放のために長い間の戦争状態を考えてみれば、共産主義体制を議論する前に、ベトナムは臨床政治学的に、政治権力をどうしても集中しなければならなかったという客観情勢があったと認めざるを得ない。米国を打ち負かしたベトナムが、一九七三年に国家統一と独立を果たし、一九七六年以降ようやく国内向けに政策を転換し、現在引き続き国家建設の真っ最中なのである。ベトナムの政治的デモクラシーは、西洋的尺度で見れば、緒についたばかりであるが、このような比較はベトナムにとって酷なことといわなければならない」と述べた。ベトナムの本格的な国家建設への取り組みは、ソ連、中国、カンボジアとの関係を改善した一九八六年以降のドイモイ政策の提示から始まったのである。

先進的なデモクラシーを主張し先導した米国が、またフランスがベトナムその他の国を侵略したり、植民地支配をしてきたのである。デモクラシーとは一体何であるのかを考えてみる必要がある。その語源はギリシャ語の「デモス」と「クラチア」の合成語である。前者の意味は人々、民、人民であり、後者は力、権力である。したがって、デモクラシーは、人々の力、人々の権力、あるいは人民の権力である。それは明らかに単独者に権力を持たせる専制君主制や、法治国家あるいは政治的自由を否定した独裁制、少数者にそれを持たせる貴族制とは異なり、多数者が権力を持つ民主制のことである。この意味でリンカーンの「人民の、人民による、人民のための政治」はデモクラシーの本質をついた演説であった。このような政治を実現するためには、直接、間接の違いはあっても権力者は、複数の政党の中から選挙によって選ばれることが重要となる。ベトナムでは以上の意味でのデモクラシーは、外国勢力との戦争、侵略者との戦いによって実現する暇すらなかったのである。北欧の政治研究者である岡野加穂留が、デモクラシーとはデモクラティズム(民主主義)ではなく、制度であり、統治形態を指すと論じていることは、以上の論点から正しい論理展開である[22]。

一九八六年以降に始まったドイモイ政策から本格的に、ベトナムのデモクラシーの問題を議論できるようになった。特に、一九九二年四月一五日の国会で採択され、一八日に公布された新憲法、すなわちドイモイ憲法に基づき、同年九月の国会で新体制に変わった。この新体制は、それまでの共産党独裁による権力集中から分散へと一歩前進したことである。つまり共産党と国会の機能分化を図ったことである。もう少し詳しく見てみよう。ベトナムのような国家体制の場合、国家運営にあたって共産党が主役であり、そして政府も共産党によって組織化される。このように政治機能の分化が見られないことを常とする。しかし新憲法にしたがって大統領制を導入し、大統領を国家元首とし、さらに政府を構成するのに以前の閣僚評議会が内閣を構成した。内閣を代表する役割を首相が持つことになる。この改革は、内閣を代表する首相にベトナムでは初めて閣僚の人事権や人民委員会委員長の人事権、そして政策専決権を与え、権限の移譲がなされたことである。また大統領は行政権を持たない国家元首であり、以前はここにホー・チ・ミンが座っていた象徴的位置で国民統合を表現する権威を表すところとした。ただしこの位置は、ベトナムの長い経験から国防を検討する国家防衛保安評議会に直結させた点が新しいことである[23]。

次に共産党と直結していた国会を分離したことが、ベトナムのデモクラシーに進展が見られる。もしそれらの分離がなされていなければ、共産党の決定がそのまま国会の決議となり、国民にどんな政策が議論されているかが不明になるからである。共産主義体制の国家が国民の意思からはなれた、独善的な政策を決定し、強制して結果的に独裁体制をとった事例は、多くある。ベトナムは過去の歴史的遺産から学んだと同時に、やはり現在の共産党の組織率三・三％からも学び分離したのである。

国会は、一九九二年のドイモイ新憲法で政治権力構造を近代化し、少しながらも権力分散化の方向に向かった結果、国会審議を通して国家の基本計画を決定し、否決する事の自由も与えた。否定されると再び政府を通して共産党にフィードバックされる。そこで、国会議員の選出に係わる国会代表選挙法の改正も憲法改正と同時になされたのであった。この国会代表選挙法によれば、国会議員への立候補は共産党の推薦リストに載せることを条件に、選挙区を九二から一五八区に増やし、選挙区の定員を半減させ、二・五人とした。議員定数を四九六から三九五議席に減じ、小選挙区制に変え、候補者を熟知させる方法をとった。この選挙法の改正による国会議員の選挙が一九九二年七月に実施され、次のような傾向を示した。それは、投票率九九％、前議員の当選者が全体の二六％、大卒以上の当選者が全体の五六％、女性の当選者が全体の一八％となり、人民軍や解放軍兵士出身が減少、高学歴の比率が高く、また女性の進出が目立った結果になった。さらにベトナムのキン族中心の政治から少数民族を重視する政策に再考された。それはこの国会代表選挙法改正前には分からなかったことであったが、今回の選挙で三九五議席中、三九議席全体の一七％の議席を獲得したからであった。このような変化をベトナムにおけるデモクラシーの進展という表現で表しても良いであろう(24)。

しかしまた、以上のような政治権力構造の民主化があったにもかかわらず、将来のベトナムの民主的政治構造を考え、現在のベトナムにおけるデモクラシーの限界についても触れておこう。第一に、現在の共産党一党の政治形態にはやはりデモクラシーの限界がある。複数政党による政治形態をいつ開始できるかである。しかし早急に複数政党に移行することは、強い経済構造を建設するためには良くないと判断できるので今後の問題である。第二に、それにもかかわらず、複数政党の存在を認めることは、国益になると言及しておこう。つまり日本では、さまざまな政党が認められているということから、例えば北ベトナム政府の時代に自由民主党が政権党であったにもかかわらず、日本共産党や日本社会党が北ベトナム政府との窓口になっていたことである。これはその国家に政治的自由があるかどうかに係わっているのである。あの当時の北ベトナム政府は、日本側の日越貿易会から多くの支援を受けたのである。政治的自由はその国の政治的デモクラシーの度合いを示すのであり、この点でやはり現在のベトナムにデモクラシーの限界がある。第三に、現在の共産党が国営、公営企業を私企業化して株式会社をどこまでできるかである。もしこの私企業化が遅れるならば、ベトナムの政治構造の民主化が進展していないことを意味している。つまり政治権力の分散化の遅れを意味し、デモクラシーの限界を示したことになる。第四に、政治権力の集中によって経済発展を遂行し、成功した場合、自らの政治権力を正当化する傾向を権力者は持ちたがる。しかし自らが感じているほど、国民はそう感じていないと銘記すべきである。同じ政権が二〇〜三〇年続いた場合、世代交代が起こり、若い世代ほど自由を渇望する。政治的無関心層が四〇％になってきたら、危険信号である。ベトナムの場合、特に南北の政治的意識の差に気をつけた方が良いであろう。つまり、このことは組織運営に、共産党が深くかかわらずに、法制度の整備で対応した方が良いということなのだ。ベトナムで聞くことは、共産党の組織管理に係わる深い関係を知ると、そこにはデモクラシーの限界を見る。第五に、第四のことと関係しているが、組織管理に政権政党の共産党が深く係わることは、組織運営に利権が絡み、汚職天国になるということである。組織活動に自由を与えることは、結果的に汚職を排除し、公平な会計制度の確立に結びつき、税の徴収に有利になる。この点はデモクラシーの限界どころか、まだベトナムでは検討されていない。今後の課題である[25]。

以上のように分析を加え、また批判的にベトナムの将来のデモクラシーについて論じてみた。しかしまだベトナムは国家を形成したばかりであり、国家経営のあり方を模索している段階である。ベトナムは、今、デモクラシーの形成途上であるというのが結論である。

6　抵抗の歴史から学んだ明るい未来のベトナム

ベトナムは、抵抗と戦いの歴史である。戦いなしに人間は、自由に生きることができないのだろうかと思わざるを得ない。実際、ベトナムを旅行者として外から観察して見ても、豊かなベトナムとしか残らないのである。理論的に考えて、人間は敵、侵略者と戦い、そこから学習し、自立していくのだろうか。ベトナム自体も、歴史的には北部、中部、南部と異なった社会を形成していた。北部が次々に中部、南部を併合していったのである。同じようにベトナムは他国から侵略され、そして自立と独立を達成してきた。東南アジアの諸国は、このベトナムと同じような経験をしている。戦争を通じての自立ではなく、平和を通じての自立がわれわれに課された課題である。

ベトナムを歴史的に振り返って見よう。一九四五年以降、独立を果たしたベトナムは北ベトナムだけの国家に限定され、一七度線でまた南北に分断された状態になった。再びフランス、米国との戦いが続く。冷戦構造の中で、北ベトナムが両国との戦いに勝利するまでには一九四五年の独立から二七年もの間、時間を費やさなければならなかったのである。一九七三年まで多くの犠牲を払い、ようやく真の統一国家ベトナムが動き出したのは、一九七六年のことであった。西側をベトナムから追い出したにもかかわらず、東側、すなわち一九六〇年代からの中ソ論争の後遺症がまだ続き、一九七八年には中国との国境紛争、さらに中国の支援を受けていたカンボジアのポル・ポト政権との戦争、と同時のソ連と軍事同盟の強化を図り、一九七九年には中国のベトナム侵攻と五万人以上の死傷者を出しての中国の敗退と続き、一九八〇年にようやく真の独立と自国の発展に目を向けることができるようになったのである。一九八〇年代に幕開けしたベトナムには、ソ連との全面的協力関係とコメコン加盟といったことから西側からの経済封鎖という強風が吹き、経済発展の契機すらつかめなかった[26]。その後、ドイモイの導入によって国際的認知を受け、現在はアジア・太平洋経済協力会議（APEC）や東南アジア諸国連合（ASEAN）の正式メンバーになり、活動を始めた。とはいえ、ベトナムにとって中国との関係では南沙諸島問題があり、どこまでも気を許すことはできない関係である。中国は日本向けには覇権主義ではないといいつつも、東南アジアでは実際、覇権主義を実行している。紆余曲折がありながらも、日本とベトナムとの国交樹立は一九七三年、ハノイへの日本大使館の設置は一九七五年であった。その後、一九九四年八月末に、村山富市首相が公式訪問をし、それまでの日本のベトナムに対して与えてきた過去の被害、損害、その他のことを含めて新しい出発を約束した。ベトナムの今後の経済発展を考え、六〇〇億円の政府開発援助と無償の援助として七七億円を供与した。また対ベトナム投資保険の再開と人材交流の促進を約束した。村山首相は、帰国後「内閣総理大臣の談話」を発表して、日本の対外政策を公式に伝え、アジアに侵略するのではなく、アジアの発展のために協力すると約束した。

註及び引用文献

（1）　ベトナムと中国の関係を調査・研究して見ると、ベトナムは中国から紀元前二世紀からもう既に侵略され、支配されている。そのことが一度や二度ではなく、これまで何度も繰り返されているということである。現在、中国の北京政府が日本の中国侵略と支配に対して非難を繰り返しているが、ベトナムに対して何らかの謝罪をしたのであろうか。もし謝罪していないとすれば、中国政府は、日本に対する諸々の発言をすること自体、バランスを欠いた発言を繰り返しているといって良いであろう。参照、山本達郎編『ベトナム中国関係史』(山川出版社、一九七五年)。

日本の田中角栄首相は、一九七二年の日中国交回復時に、共同声明の中で、日本側からの謝罪を明確に述べた後も、村山富市首相まで二三年間にわたって中国に対して謝罪を続けるとは異常な関係である。以下の文献では、日本政府が第二次世界大戦までに過去の日本政府が侵略したり、支配した地域や国家に対して、最後の謝罪を談話という形式述べたものである。参照、村山富市「内閣総理大臣の談話」(外務省編『外交青書』第一部、一九七六年、一六九〜一七一頁)。

(2)　東南アジアの多様性について、西洋的、欧米的価値観や文化から見て単純に遅れていると評価できない。日本の研究態度があまりにも、自らの哲学、思想がなく、欧米的窓から東南アジアを眺めていることが多い。日本の若い世代やビジネスマンにあっても現地で横柄な態度を取ったり、見下したりしていることを目撃することが多いのは、彼らが無知であるに過ぎない。無知な研究者が多い一方で東南アジアの深い研究をし、世界水準以上の研究もあることに驚かされる。次のような作品を参照すると良いであろう。参照、チャーリス・モリソン、渋沢雅秀訳『東南アジア五つの国』(サイマル出版会、一九八一年)、渡辺利夫『アジア新潮流』(中公新書、一九九〇年)、高坂・スカラピーノ編『アジアで政治協力は可能か』(人間の科学社、一九八七年)、河部利夫編『東南アジア社会文化辞典』(東京堂、一九七八年)、石井他監修『東南アジアを知る事典』(平凡社、一九八六年)。

(3)　小倉貞男は、荒木宗太郎の「夫人が阮家の王女であったかどうか、なにも確証はない」と記している。参照、小倉貞男『朱印船時代の日本人』(中公新書、一九八九年、一〇〇〜一〇一頁)。しかしベトナムのハノイ総合大学のヴァー・ミン・ザンは、小倉貞男とは逆に「王女の一人であった」と証拠付けながらはっきりと述べている。参照、ヴー・ミン・ザン「ホイアンの日本人・日本町及び日本人の遺跡」(日本ベトナム研究者会議編『海のシルクロードとベトナム』穂高出版、一九九三年、二五一頁)。いずれにせよ一七世紀半ば以降、日本のビジネスマン荒木宗太郎が王女らしきベトナム人を妻にして現在の長崎市に住んでいた証拠は、現にある墓石によって明らかである。その他ベトナムのことを知るためには、次の著書が役立つであろう。北上次郎『海を渡った日本人』(福武文庫、一九九三年[これには前著小倉氏の第四章再録])、穴吹充『ベトナム人と日本人』(ＰＨＰ研究所、一九九五年)。

(4)　中原光伸『ベトナムへの道』(社会思想社、一九九五年、三七〜四四頁)。

(5)　当時、副首相ファン・バン・カイ(現首相)と執務室で会談した日本側メンバーは、日本経済研究センター香西泰、慶応大学薬師寺泰蔵、早稲田大学浦田秀次郎、九州産業大学の私であった。

(6)　中原光伸『ベトナムへの道』(社会思想社、一九九五年、五五頁)。

(7)　桜井由躬雄『もっと知りたいベトナム』(弘文堂、一九八九年、七二〜九八頁)、日本ベトナム研究者会議編『海のシルクロードとベトナム』([ホイアン国際シンポジウム]穂高出版、一九九三年、全頁)、坪井善明編『近代ヴェトナム政治社会史』(東京大学出版会、一九九一年、第三章)、古田元夫『ベトナムの世界史』(東京大学出版会、一九九五年、第一〜三章)。

(8)　谷川榮彦編『ベトナム戦争の起源』(勁草書房、一九八四年、全頁)、ジュール・ロワ、朝倉剛・篠田浩一郎訳『ディエンビエンフー陥落』(至誠堂新書、一九六五年、全頁)、清水知久『ベトナム戦争の時代』(有斐閣新書、一九八五年、全頁)、小倉貞男『ヴェトナム戦争全史』(岩波書店、一九九二年、全頁)、小沼新『ベトナム民族解放運動史』(法律文化社、一九八五年、全頁)。

(9)　伊藤重行『アジア・太平洋関係論——お互い様の論理』(あきつ出版、一九九三年、一一三〜一一九頁)。ここでは吉田松陰とホー・チ・ミンの比較をして述べているが、しかしその他にも日本との関係で忘れてはならない人物がいる。彼ファン・ボイ・チャウは、ホー・チ・ミンに先だってベトナムの国家独立に日本の協力を求めた世界的人物であったのだが、日本側は結果的に冷たく扱ってしまった。このような歴史的事実を忘れてはいけないことである。参照、ファン・ボイ・チャウ『ヴェトナム亡国史他』(長岡新太郎・川本邦衛編)平凡社、一九六六年'Phan Boi Chau, *Overturned Chariot: The Autobiography of Phan Boi Chau* (tranlated by Vinh Sinh and N. Wickenden), University of Hawai Press, 1999.

(10) 小倉貞男『物語ヴェトナムの歴史』(中公新書、一九九七年、三三二頁)、桜井由躬雄『ハノイの憂鬱』(めこん、一九八九年、第一六、二三二〜二六六頁)、古田元夫『ホー・チ・ミン』(岩波書店、一九九六年、全頁)、チャールズ・フエン、陸井三郎訳『ホー・チ・ミン(上)(下)』(岩波新書、一九七四年、全頁)。

(11) 中原光伸『ベトナムへの道』(社会思想社、一九九五年、四九頁)。

(12) 関口末夫、トラン・ヴァン・トウ編『現代ベトナム経済』(勁草書房、一九九二年、二一二頁)。

(13) 中原光伸『ベトナムへの道』(社会思想社、一九九五年、五〇〜五一頁)。

(14) 古田元夫『ホー・チ・ミン』(岩波書店、一九九六年、一一五〜一一八頁)。

(15) 矢島鈞次・窪田光純『新ドイモイの国ベトナム』(同文館、一九九四年、三一二頁)。

(16) 伊藤千尋『観光コースでないベトナム』(高文研、一九九五年、二二〇〜二二五頁)で、グエン・スアン・オアイン博士を写真入りで紹介している。彼は、南ベトナム出身でありながら、南ベトナム開放後に追放されることなく、ドイモイの発案者であったということは重要なことである。彼は日本語を話し、第三高等学校から京都大学を卒業し、経済学博士、さらにハーバード大学でも経済学博士の学位を取り、現在のベトナムの市場経済の発展に尽力している人物である。

(17) 窪田光純『躍動する国ベトナム』(同文館、一九九六年、二八〜三二頁)。

(18) Itow, Shigeyuki, "One Moment Business and One Year Business in the Asia-Pacific Region," *Journal of Futures Studies*, Vol.2, No.1, 1997, Tamkang University, Taiwan, p.1-12.

(19)　ボー・ダイ・ルオック「ベトナムの市場経済移行における国家の役割」(関口末夫、トラン・ヴァン・トウ編『現代ベトナム経済』(勁草書房、一九九二年、一七四〜一九二頁)。

(20)　Dao Le Minh , Shigeyuki Itow, "ASEAN Free Trade Area: Prospects and Challenges for Vietnam," *Business Review*, Vol.8, No.2, KSU Management Society, 1997, pp.1-19.

(21)　窪田光純『躍動する国ベトナム』(同文館、一九九六年、四五〜四六頁)。

(22)　岡野加穂留『政治の舞台——過渡期のデモクラシー』(ぎょうせい、一九八一年、三六九〜三七〇頁)で、彼が、デモクラシーとはデモクラティズム(民主主義)ではなく、制度であり、統治形態を指すと論じていることは、全く正しい。日本では第二次世界大戦以前に、軍国主義がはびこっていたことからと思うが、戦後にデモクラシーをデモクラティズム(民主主義)と誤訳してしまった。

(23)　矢島鈞次・窪田光純『新ドイモイの国ベトナム』(同文館、一九九四年、五四〜六七頁)。

(24)　矢島鈞次・窪田光純『新ドイモイの国ベトナム』(同文館、一九九四年、五四〜六七頁)。

(25)　鈴木康二『ビジネスガイド・ベトナム』(ジェトロ、一九九四年)、さくら総合研究所環太平洋センター編『ベトナムでの事業展開』(さくら総合研究所、一九九四年)。

(26)　東南アジア調査会編『東南アジア要覧』([一九九一年版]一九九一年、一〜九一頁)。

参考文献

伊藤重行『アジア・太平洋関係論——お互い様の論理』(あきつ出版、一九九三年)

伊藤千尋『観光コースでないベトナム』(高文研、一九九五年)
岡野加穂留『政治の舞台――過渡期のデモクラシー』(ぎょうせい、一九八一年)
小倉貞男『朱印船時代の日本人』(中公新書、一九八九年)
小倉貞男『物語ヴェトナムの歴史』(中公新書、一九九七年)
窪田光純『躍動する国ベトナム』(同文館、一九九六年)
桜井由躬雄『もっと知りたいベトナム』(弘文堂、一九八九年)
関口末夫、トラン・ヴァン・トウ編『現代ベトナム経済』(勁草書房、一九九二年)
谷川榮彦編『ベトナム戦争の起源』(勁草書房、一九八四年)
東南アジア調査会編『東南アジア要覧』([一九九一年版]一九九一年)
中原光伸『ベトナムへの道』(社会思想社、一九九五年)
日本ベトナム研究者会議編『海のシルクロードとベトナム』([ホイアン国際シンポジウム]穂高出版、一九九三年)
古田元夫『ホ・チ・ミン――民族解放とドイモイ』(岩波書店、一九九六年)
ボー・ダイ・ルオック「ベトナムの市場経済移行における国家の役割」(関口末夫、トラン・ヴァン・トウ編『現代ベトナム経済』勁草書房、一九九二年)
矢島鈞次・窪田光純『新ドイモイの国ベトナム』(同文館、一九九四年)
Itow, Shigeyuki, "One Moment Business and One Year Business in the Asia-Pacific Region," *Journal of Futures Studies*, Vol.2, No.1, 1997, Tamkang University, Taiwan.
Phan Boi Chau, *Overturned Chariot: The Autobiography of Phan Boi Chau* (tranlated by Vinh Sinh and N. Wickenden), University of Hawai Press, 1999.

第四部　日本を見る目

第一二章　日本の国営企業的公共事業の政治学

公共投資や公共工事に関わる諸問題は、国家の全体の予算や行政改革、更には日本国家の政治権力のあり方と共に多く論じられるようになってきた。それらの諸問題は、日本の官僚、政治形態あるいは政策過程、企業とその経営のあり方、そして地方公共団体と深く関係し合っていることはいうまでもない。日本の敗戦によって壊滅状態であった公共的なインフラを再建するために、昭和二四年以降、政府は公共工事に力を入れはじめた。その結果、昭和五〇年代には経済発展を促す生産基盤への公共投資が巨大であったため、ほぼ国民が満足できる段階にまで公共的な道路、橋、鉄道、ダム、干拓工事、洪水防止の工事が実現していた。まだ欠けているとすれば空港整備とそれに関連した高速道路や大型駐車場であった。問題は直接国民生活に関わる下水道などの生活基盤への公共投資が少額であったことである。統計的には生産基盤の整備に対して、五五％、生活基盤に対して、二六％の公共投資であった(1)。更に問題は、この割合が今日まで変更する事なく続いてきたことである。この点では、継続は無駄であった。

あるいは継続は無駄の発生を拡大するのみなのであった。今日かかえている公共投資あるいは公共工事のこの無駄をどう解決するかが大きな政治的・国家的課題である。

1　非国際経営システムの形成の功罪

ここでは、今日の公共投資や公共工事が政府、官僚、政治家、地方公共団体、そして企業が一体化した上で、国際競争を避けながら遂に国際的に通用しない経営システムを形成し、国営化した経営形態になっていることを明らかにする。このような結果になるのは、今日の制度という舞台でそれぞれ政府、官僚、政治家、地方公共団体、そして企業が合理的に利益を考えた私的目標追求をして踊っているから、あるいは踊らされているから無駄な公共投資や公共工事が拡大再生産されるのであると結論づけている。政治における長期政権が公共投資や公共工事を長く続けると非効率で無駄な国営型の経営システムが形成されることを日本は世界に提示したのである。もう既に日本の国家はもちろん、政府、官僚、政治家、地方公共団体、そして企業自身もそれぞれ重い病気に罹っていると診断できる。今日必要なことは、先進国中の米国の六倍も日本が公共事業に投資し過ぎていると批判される前に、日本の為政者がそれらのための予算を段階的に削減し国家予算の二〇%以内にするとか、国民が長期政権をつねに交代させる程の国民に成長するかのいずれしかないであろう(2)。

2　公共投資と公共工事における問題の所在

日本全国どこでも同じ事が起こっているとはいえ、筆者は福岡市に住んでいるので福岡の事から書き始めてみよう。この五月(一九九七年)に福岡市議会の自民党の有名議員が絡んだパーティ券の割り当て販売は、政界と公共工事受注業者の癒着が日常茶飯事で恒常化していることを市民に見せつけた。そしてまた福岡市役所の担当者がその販売に協力していたことが分かり、自殺においこまれてしまったことから考えても、いかに役所、企業、そして権力をもつ政治家とが三つ巴になって利権に群がっているかが分かる。中央政府から地方公共団体に至るまで日本社会は、構造的汚職の仕組みが成立している様に思われる(3)。しかもその構造的汚職と考えられる仕組みが公に問題にならない限り、良しとしているように見受けられる。公共投資や公共事業に関する実体を研究すればするほど、何か虚しさが去来するのは何故であろうか。それにしても、公共投資や公共事業に係わる長期計画(この計画は「五年計画」が多く、二つの問題がある。一つは決定されると途中で変更できないこと。もう一つは五年過ぎるとまた五年というように次々と延長され、しかも予算が拡大することである。これまでの公共投資や公共事業の歴史がその証左である)の策定が国民の目にさらされる議会で審議されることなく、あるいは米国研究の専門家・藤本一美教授のいう議員立法でもなく、単なる「閣議決定」で秘密裡になされているあり方に、公共投資や公共事業予算の天井知らず暴走が起こる原因があるということである(4)。閣議決定では官僚の策定案をそのまま承認するだけであって、ブレーキをかけるどころかアクセルを踏む方向に予算を拡大するのみであるから、国会で審議し公共投資や公共事業の策定と予算について国会議員と官僚の説明をさせるだけでもブレーキがかかるであろう。何故ならばその説明は合理的でなければならないからである。とすれば、これまでは国民の目にさらされることなく、陰で全く非合理的に決定されていたのである。公共投資、公共事業そして公共工事に関わる諸問題は多くの問題をかかえている。個々の政治権力保持者がそれらを直す事ができないメカニズムを持っているのである(5)。

更にまた、なぜ都道府県の至る所で公金をごまかす食糧費問題が発生したのであろうか。それは異常なまでに決定権を中央政府の官僚が持っているからである。公共投資や公共工事の案文作成に地方からの意見を吸い上げるという形式をとりながらも、最終的決定が中央政府の官僚が決定し、その前に地方からの陳情と政治家の顔をたてるという儀式をしたからそのような問題が発生したのである。ただしこの段階では、堂々と交通費を予算化し、それを使って出張すればよいのであるが、そうしなかったのは食糧費としてごまかす方が自分たちの飲み食いに好都合であったからに他ならないのである。この食糧費問題はやはり公共投資や公共工事の策定と予算獲得に絡んでいたことは明らかである。何故ならば政府に対して、地方はどのような公共事業が必要であるかを説明しなければ、公共投資がなされないのはもとより、補助金すらなくなり、地方の無能というレッテルが貼られるからである。結局、市民やその他の人々に無能呼ばわりされ、そして支持されなくなってしまうことを恐れたのである。官僚は政治家や地方に対して、有能であろうとし、政治家は市民やその他の人、地方、そして官僚に対して、有能であろうとし、地方は官僚、政治家、市民やその他の人々に有能でありたいと思っての事だったのである。このように部分的に見れば、それぞれのところで極めて合理的理由があって行動を取っていたのであるが、全体的に見ると不正の発生、汚職、無駄使いなどの事件を発生させる行動に結びついていたのである(6)。

ここで指摘できる問題の所在とは、部分的に見ると合理的な事柄が、全体的に見ると極めて不合理で矛盾したことが起こるということである。公共投資や公共工事に発生する問題にも同じ事がいえるのである。ところで公共工事とはどんな事を指すのであろう。以下で考察して見ようと思う。

3　公共事業の概念と区分規定

今まで日本政府の実施している様々な税金を投入してきた事業に対して、筆者は、それ程関心を持っていなかったというのが実状であった。筆者以外の一般国民も同じであったであろうと予想できる。しかし最近日本の各地を尋ねて感じることは、こんな事業までする必要があるのかと思う事業に出会う事が多くなってきた。いろいろ調べてみると、それらの公共事業の決定過程が国民に明らかにされていないか、国会の予算委員会で大まかな審議で終わっていて、仔細な審議になっていないことが多いということ。さらに補正予算などで直ぐ公共事業費が増えてしまう構造になっているという事である。新聞を読んだり、これまでの研究成果を研究してもなかなかこの公共事業のあり方を正確に把握するのはむずかしいというのが実感である。

一般的に公共性のあるものを遂行する事業ということになるが、それは人々の生活に欠くことのできないもので、かつ採算性の合わない事業であるから税金を投入して整備しなければならない事業という事になろう。その事業を実現するためには建設資金がいるので、その資金のことを公共事業のための建設投資の資金ということになる。ここでは単純に、公的資金、すなわち税金を使う事業のことを公共事業と規定しておこう。

この規定と建設省の発表しているものとは若干異にしている。建設省のいう政府建設投資の資金が、公共性の高い分野に投資されていくので公共事業費として一括して良いと思われるが、しかしもう少し厳密に概念が区分されているので論及してみよう。建設省によれば、政府建設投資とは建設投資と土木投資に区分されている[7]。前者は住宅投資と非住宅投資に、後者は公共事業投資とその他に区分されている。ここでの公共事業とは(一)治山、治水、海岸、(二)道路、(三)港湾、漁港、空港、(四)生活環境施設(公園、下水道、環境衛生)、(五)災害関係、(六)その他の公共事業(農業基盤、林道等)を指し、その他の事業とは地方公営関係事業(鉄道、電力、ガス、上・工業用水道、その他)となっている。以上の事から公共事業とは、(一)治山、治水、海岸、(二)道路、(三)港湾、漁港、空港、(四)生活環境施設(公園、下水道、環境衛生)、(五)災害関係、(六)その他の公共事業(農業基盤、林道等)の事を指し、これらに投資される資金の事を公共事業費と定義される。その事業費には建設省のみならず、農林林水産省、運輸省、さらにはそれらの出先機関、地方公共団体の単独の公共事業費もまた含まれる。

4　有害な公共事業の克服と国際化のための政治学

上記の公共事業について、その区分には問題はないと考えられる。区分が問題ではなく、区分された対象に対する考え方とそれに基づく公共投資がどのくらいの割合で、どのくらいの期間続けられてきたかが問題なのである。このような考え方、割合、そして期間を考慮しても、これまでの公共事業は無害で有益であったというのが大方の評価であろう。しかし、もはや公共事業はやり方を考えないと有害であるというのが、今日的結論である。

地方行政の専門家・宮本憲一教授の問題点の指摘は価値あるものである。彼は「総合社会影響事前制度の樹立を」(『環境を破壊する公共事業』緑風出版、一九九七)という論文で次のように述べている。すなわち「(公共事業の)第一の問題点は四〇年間も世界最高の投資を続けたにもかかわらず、住宅、下水道・公園・社会福祉施設・高等教育施設等の面で、日本は欧米より貧困で、国民には豊かさが感じられないことである。阪神・淡路大震災による住宅とライフラインの壊滅で露呈したように、日本の大都市圏はアメニティ（住み心地の良さ）もセーフティ（安全さ）もない。一人当たりの国民所得は世界最高水準であるが、住宅や生活環境は貧弱であり、自然にとぼしく都市が乱雑で汚いことは今さら指摘するまでもないであろう。これが真の豊かさを感じさせない理由である。この原因には、他国に比べて用地費と事業費の割高であることがある。しかし、それだけではなく、公共投資の配分に問題がある。高度成長期の六〇年代をとると、道路などの交通・通信手段を中心に、生産基盤に五五％が投入され、生活基盤は二六％であった。……ひとくちでいえば、行政投資は依然として道路中心主義である。」[8]と。

彼のこの指摘は重大である。筆者は公共事業の区分ではなく、その対象に対する考え方、公共投資の割合、そして期間といったのはこの意味からである。彼が指摘しているように、これまでの公共事業の対象は、道路中心であり、今もまだそうであるということである[9]。まだ産業基盤の整備されていない時代であれば、許されるであろう。しかし最早そうではない。道路・高速道路ではなく、航空路を主体としたバランスのとれた交通体系の構築である。その航空路も世界からの自由な参入を必要としている。日本の航空機の飛ばすやり方と外国のとでは違いがあるだろうか。全くないというのがその答えである。

彼が指摘した生活基盤への切り替えが今日重要である。これまでの行政側主導の公共事業は、災害、治水、治山、港湾、道路中心であったのは、公共投資の予算の配分から明らかである。最早、それらに対する経済効率から考えて予算のカットあるいは削減すべき時代であり、公共投資予算の生活基盤への転換の時代である。生活基盤といっても考え方が重要である。筆者の多くの先進国訪問の経験から日本の「潤いのない」生活基盤が気がかりでならない。これは考え方の問題であると思う。この場合の「潤い」とは生き生きとした生命に溢れている事を指す(その地域の天然状態を住民によってモデル化することが重要)である。一言でいえば、農村と都市を含めた生活地域の自然化であり、生き生きとした生命の溢れた生活基盤づくりである。都市のビルの最上階あるいは屋上の緑化の実現(これは都市の公園化である)を図り、山や林とビルの屋上との連結である。こうする事によって、山や林に追いやられた森の動物の都市までの生活圏の拡大を図ることである。何故今ごろになって「蛍のいる里づくり」とか「カムバック・サーモン」などといったかけ声をかけなければならないのか。何故子供は荒れるのか。それはわれわれの周りの生活環境や生活基盤に緑にあふれ、生き生きとした生命と「曲がった」川がないからである[10]。誰がこのようにしてきたか。それは公共工事をしてきた人々であり、それを推進するように考えてきた人々である。その結果が環境破壊である。

また宮本憲一教授の指摘をみよう。彼のいう「第二の問題点は……環境破壊である。公共工事によってもたらされる環境破壊は埋め立て事業によるコンビナート造成などを通じて、早くから問題になっていた。アメリカでは六九年の国家環境政策法で環境アセスメント制度が導入され、以後、先進工業国のみならず、韓国やタイなどアジアの国でも法制定がされた。日本は七二年七月、四日市公害裁判の判決直前に、公共事業に関するアセスメントが閣議了解されたが、その後アセスメントの法制化は六度流産し、アメリカに遅れること約三〇年、ようやく制定された。……日本では公共事業の公共性は無条件に認められ、それが環境侵害しても住民はがまんすべき(受認限度)だと考えられてきた。しかし、これらの公共事業公害裁判によって、公共事業といえども人権侵害は認められず、損害は防止すべきであるという原則が確立したことは前進である。裁判が提起されて、はじめて空港・新幹線や道路の騒音・振動の基準が制定されたことでも、司法が行政に与えた影響は大きい。とはいえ、裁判所が差し止めを認めなかったために、人権侵害の根因はなくなっていない。これは司法が行政に屈服したのであって、日本の裁判の限界を示している。これに対して被害住民の要求は、このような裁判の判断を越えて進んでいる。……環境保全にこそ、公共事業が民間事業を越える公共性をもっているというのである。そして、この場合の環境とは単に人間の健康や正常な生活の条件にとどまらず、地域の伝統産業・文化の保全、街なみや景観の保全、自然・生態系の保全のようなアメティをふくんでいる。」(1)と。

この環境問題に対する宮本憲一教授の論説を、これまで公共事業に係わってきた人々が否定できるであろうか。公共事業という麻薬にも等しい薬に毒されてきた人々は正常な判断ができなくなっている。もう少し他人・他者の考え方に耳を傾け、採り入れ、そして実行する時代がやってきた。公共工事のための公共事業とは無駄な経済効率の悪い、選択的・重点的でもない、金繰り重視の、しかも途中で中止もできない暴走的工事のことを指すのが今日的解釈かもしれない。その結果、川はまっすぐになり、源流までの三面張りのコンクリート工事、船舶の出入りの少ない港湾の建設、防災としたような単一目的のダムから多目的化してきたダム建設（環境よりもダムを建設することの目的化と予算消化）。問題は自然と生態系の破壊である。人間は自然と共に生きているのである。人間の心は環境を含めるという拙者のシステム哲学が必要である。システム哲学によれば、人間は心と体の両システムから構成されており、心は体内部にある内的心と体の外部の環境的世界にある外的心の統合したものである。したがって、内的心と外的心との間に正・負のフィードバックを通じた情報交換があり、内的心は外的心によって育まれ、またその逆も成立し、人間の幼少期には外的心が内的心に影響を与える事が強く、つまり環境が子供の脳にイメージを与えるのである。これをシステム哲学では、環境が外的心を通じて内的心に地図化されると表現する。また地図化された脳の内的心は、外的心を通じて環境に働きかける内的心の環境への投企化と表現する。このことは人間のみならず、他の生物も環境と一体化していることの正当性を論及しているのであって、荒れる心は環境も荒れている事を指しているのである。また荒れる心は環境を破壊していることになる。例えば、車の窓から火のついたタバコの吸いがらを投げ捨てる様な人間は、荒れた心の持ち主であり、環境破壊を平気でしている公共工事遂行者も荒れた心の持ち主であると、システム哲学は答えるのである。環境破壊はもうこの辺で終わりにしないと後世代の子孫や他の生物の子孫が生存できなくなってきている。

公共事業についての宮本憲一教授の次の指摘を聞くことにしよう。彼が指摘する第三の問題点は、「公共事業の浪費や無駄と、これに基づく中央と地方の財政危機である。六四年に着工した石川県河北湾の干拓事業は総事業費三三四億円をかけたが、米作の過剰から作物転換せねばならず、結局は当初計画からみて失敗に終わったといってよい。この失敗にもかかわらず、中海の干拓が行なわれ約七五九億円の工費が使われたが、この干拓は住民の反対で中断している。三〇〇億円を使って釣り堀にしか利用されていないという福井新港は、むつ小川原開発や酒田新港開発等と同じように、第二次全国総合開発計画(いわゆる列島改造論)によって生み出された。この計画は住民の公害反対もあったが、石油ショック以降の産業構造の変化によって挫折した。にもかかわらず、政府は責任をとらぬまま公共事業は続行したので、おそるべき浪費が生じたのである。」[12]と。

彼の指摘を待つまでもなく、日本の公共事業に対する浪費やムダ、それに基づく中央と地方の財政危機は制度的に許されているからそうなるのである。またストップをかける方法もなく、ただ肥大化を待つ仕組みになっているのである。日本は戦争をしない国であるため、赤字公債の発行と公債の日銀引き受けを禁止しているにもかかわらず、建設国債と地方債は若干の許可事項があっても、公共事業のためなら、ほとんど自由に発行を認められている。これが問題であり、財政赤字の生産拡大工場の仕組みになっているのである。公共事業は借金でする仕組みになっているのである。

以上の点から、今の公共工事のあり方、考え方、そして公共性に対する再認識をしないならば、公共工事は百害あって一利なしである。公共工事は借金の拡大生産工場になっており、最早有害になってきているのである。この意味がわかるためには、公共工事への国際自由入札を実行することによって理解されるであろう。日本の公共工事や公共投資に対して、もう既に「建設ビックバン」[13]が今まさに実行されつつある「金融ビックバン」の次に必要とされているのである。

5　国営企業化している公共事業の経営システムと公共投資の無駄

筆者が最近、日本の農村地域に講演に行って農家の人々と酒を酌み交わしている時に、時々こんな話を聞く。それは「国から農業生産基盤整備事業費、農村整備事業費、農業構造改善対策費などと色々な名称でいってくるが、これらのものは本当は必要ないと思う。必要なことはわれわれが発案していることに予算を付けて、低利で自由に使える様にして欲しいということである」と。このことは、農家の方がもう既に国に先んじて選択的で重点的な事業を望んでいる事を意味しているのである。国の方が何とか事業費などといって厳しい枠をはめ込んで、予算を取ったから早く使うようにといってくるのは、どうも国の方に恣意的意図があって農家がそれにのせられ易く、しかも農家の方をコントロールし易いからではないかと思う。このようなあり方が、その結果全国一律の事業遂行となり、予算の「ばらまき」になってしまうのであろう。「ばらまき」という表現は国と農家の間での相互交渉によって実現した必要な政策に対する予算配分でないから、その「ばらまき」は現実には無駄の拡大生産になってしまうのである。にもかかわらず、国側が良く予算配分を全国にまんべんなく行きわたるあり方を良いように宣伝している。しかし農家や関心ある国民は「ばらまき」に対して悪い評価も与え始めている事にもう注目すべき時である。最近どうも悪い評価の方が有力になってきているといえよう。もう既に「ばらまき」ではなく、農家や国民の発案とそれにしたがって国全体から判断された公共投資や公共事業の重点方式が採用される時代になっている事を意味していると考えられる[14]。

にもかかわらず、読売新聞(一九九七年一二月二六日朝刊)によれば、政府と自民党は、景気対策の一環として公共事業の一つである高速道路の整備計画路線のうち、北関東自動車道などの二三区間、三三三キロメートルについて日本道路公団に対して計画の前倒しとして施行するようにと命令を出したのである。問題は、もう既に公共工事が景気対策に成らないということ。更に現在進めている高速道路網が経済効率に見合うものになっていないことにある。前者については経済企画庁の公共事業の経済の波及効果の試算の様になっていなく、その理由はもう既に高速道路が必要なところで完備しており、米国、以前の西ドイツ、イギリス、フランスと比較しても最高のレベルに達しているのである。それを説明してみよう。日本は山間部が多く高速道路を設置できるところが少なく、そのため人々が住める所の面積をこれまで完成した高速道路で割り算してみると、他の先進国の中でもう既に最高レベルに達しているのである。したがって、もしこれ以上の高速道路建設を進めると、無駄になるということを意味し、この事が公共工事が景気対策にならない理由である。そのことがまた後者の高速道路網が経済効率に見合っていないことに繋がるのである。つまりこれから作る高速道路が無理して経費のかかる一方で、あまり車が利用しないことになるから、明らかに経済効率が落ちるのである。極端にいうと、その道路を車でなく、空気のほうが多く通過しているといったものになるのである。これは環境破壊の拡大に繋がるなにものでもないのである。私が日本を旅行して高速道路でないにしても、こんなところにどうしてアスファルトの道路が必要なのか、頭をひねることがある[15]。つまり無駄な道路であり、工事屋のための工事になっているのである。もう少し航空路と高速道路との連結を考慮すべき時代なのだ。先進国でのそれらの関係のあり方を研究すべきである。

これだけ批判してもまたどうしてこんなに公共投資が必要なのか不思議である。私は最近インターネットで建設省のホームページを読んでみた[16]。建設省の場合、建設投資となっているがこれは公共投資のカテゴリーに入るもので平成九年四月一七日発表のものから見てみよう。建設省は平成九年度の建設投資総額が政府と民間を含めて前年度比で三・九％減の七九兆八二〇〇億円となる見通し、その中で政府投資が三四兆七七〇〇億円、民間投資が四五兆六〇〇〇億円となっている。建築と土木別を見ると、建築投資が四二兆九五〇〇億円、土木投資が三六兆八七〇〇億円となる見通しと解説している。建設投資の推移を見ると、昭和五七年、五八年度と二年連続で前年度比マイナスとなったものの、五九年度には再びプラスに転じ、平成二年度には八〇兆円台にまで達した。その後も平成四年度の八四兆円を最高に平成五年度までの四年間は八〇兆円台で推移した。しかし、バブル崩壊後政府建設投資は増加したものの、民間投資が減少し、平成六、七年度は八〇兆円台を下回った。平成八年度は民間住宅の伸びにより八三兆円となったが、平成九年度は再び、八〇兆円を下回る見通しである。

次に政府建設投資の動向について見てみよう。上述したように、政府建設投資は地方単独事業費の伸び率がゼロであったことから、三四兆七七〇〇億円となる見通しとしている。そのうち建設投資は前年度比〇・四％減の六兆四五〇〇億円となり、その内訳は住宅投資が二兆四〇〇〇億円、非住宅建築投資が四兆四二〇〇億円となる見通し(この計算で一〇〇億円もの差が生じているが単なる計算ミスなのか、しかし巨額の差である—筆者記)。土木投資は二八兆三一〇〇億円、そのうち公共事業は二四兆三五〇〇億円で、公共事業以外は上・工業用水道、公営ガス等が伸びるものの、全体で三兆九六〇〇億円となる見通しである(この計算にも同じく巨額の差が生じている—筆者記)。平成八年度の政府建設投資は、当初予算において公共事業費等の伸びが確保されたこと、前年度からの繰り越しが例年より多く見込まれた事に加えて、平成九年一月末の補正予算の成立があったため、三六兆九一〇〇億円となり過去最高の投資となっている。

以上の建設省の解説で、特に目に付くことは政府建設投資が減少してきた、あるいは米国の六倍も投資しているにもかかわらず、減少の傾向にあるということを強調していることである。しかし政府と民間併せての建設投資総額が七九兆から八〇兆円にも毎年なっていること自体、日本国家全体の予算規模から考えて適正予算でないこと、また政府建設投資だけを見ても三四兆七七〇〇億円にもなっている事自体、日本の国家予算の約半分を占めているのであって、全く不適当な予算であるといわなければならない。更に公共事業に対して受け入れられていること自体問題である。というのは、公共性の強い事業として受け入れられていると思われるだろうが、しかし正常な頭で考えてみると、というのは、こんなに巨額の資金が国から地方に流れ出すと、その資金を当てにするような悪徳商法が誕生、不必要な事業を工作して資金を環流させようとしたり、さらに悪いことに自立的な産業の育成の芽を潰してしまうということである。社会インフラの整備が達成してきた段階での公共事業は、無駄をはぶき、予算の削減に向かう必要がある。そうしないと公共事業それ自体が目的化し、公共事業のための公共事業をすることになるのである。もうこの段階に入ると戦時体制に入った経済、すなわち戦争経済と同じであり、非生産的経済になり、それは浪費経済なのである。そのような経済は早く中止しないと国家破産に行きついてしまうことになるであろう。日本各地で見られる大型の公共事業は、もう既にその域に達したといっても過言ではないであろう。日本にある巨大ゼネコンから中小、零細まで含めて五二万社にもなる建設会社は最早、私企業ではなく国営企業といっても間違いないであろう。

6　公共工事の利権の政治学とその結果物の形態

日本全国でも同じことが起こっているのであるが、私が車を運転しながらいつも不審に思っていることがある。こんな道路を工事をしなくても良いと判断できる所を工事しているからである。そうこうし

て国家はほとんど議論できない仕組みになっていました。」[17]と述べている。しかし、それらのことが……それもウソでした。高速道路であれ、大規模な潅漑や水田の区画整理であれ、具体的な事業についてをいうと官僚たちは〝国会は予算を通して公共事業を審議している〟と反論していました。しかし、会さえ関与できないというのでは、これが民主国家か、と問わざるをえません。これまで、こんなこと民の知らないところで計画され、実施されているとは知りませんでした。私たちの代表であるはずの国じられてきた。五十嵐敬喜・小川明雄両氏は、ある著作の「あとがき」で「公共事業がこれほど私たち国た。またゼネコンと政府や政治家との結びつき、いわゆるゼネコンの政商的結託についてもこれまで論方で実行されてきた。しかも日本の公共工事が利権の対象になっているということは常に論じられてき

日本の公共投資や公共事業、そして政府の補助金の交付の仕方が民主主義の社会とはかけ離れたやり

結論をだすべきときが来たといえよう。

というのも、これまでは住民抜きの一方的公共工事が多かったからである。今こそ住民に尋ね、そしてあり、これらが本当に必要なものかどうかそこに住んでいる住民にアンケート調査をしてみるがよい。林水産省は熊本県天草の羊角湾干拓事業の中止を発表した。だがまだ計画中のダムが全国に三八三件も政策転換の影響かどうかは分からないが、建設省はダム工事一八件の中止あるいは休止を決定した。農しかしそれでもようやく政府が公共工事にたいする政策を転換したことを示唆したものになった。このている内に、政府が公共工事にたいする予算を七％の削減を発表した。これは遅きに失した感があるが、

より学術的に論証できなければ、問題はいっこうに解決しなく、公共工事にかかわる公共投資の無駄を削減する事ができないのである。もっとも大事な事は、公共工事や公共事業がどのような政策決定過程によって成立しているかということである。

日本の政治システムの研究者で、特に公共事業の研究で優れた業績を上げている堀要教授の研究成果を参考にして論じてみよう。彼は、次の様に述べている。すなわち「日本の政策決定過程にかかわるアクターである政治家、中央省庁ならびにそこに勤務する官僚、各種の利益集団、そして市町村長らの〝地方〟はすべてそれぞれのレベルで、極めて激烈な水平的競争にさらされている。すなわち、政治家は政治家同士で、中央省庁は中央省庁同士で、官僚は官僚同士で、利益集団は利益集団同士で、地方は地方同士で、それぞれ極めて激しい競争を行っている。そこで、アクターたちは、他のカテゴリーのアクターと協力し、政治的交換を行う。すなわち、リソースを融通しあい、互いに利益を誘導しあうことによって、この水平的競争に打ち勝とうとするのである。このとき、各アクターは費用対効果を考えて取引相手を選択するし、また、相手からもされているということを忘れてはならない。その結果として、他のカテゴリーのアクターが求めるような利益あるいはリソースを提供でき、かつ、提供しようという意思のあるアクターに優先的に利益が誘導されることになるのである。すなわち、このようなアクターたちは多くのリソースを得、それを活用することにより、政治家はより有力、中央省庁はより大きな権限を持ち、官僚はより出世し、地方は公共事業や補助金の配分などで優遇され、利益集団はより大きな利益を得ることになるのである。」とである。また彼は、次のようにも述べている。「日本の政治システム(政治的交換の構図)において取引される主たる〝財〟のひとつは、公共事業や補助金であった。政治家の側は、地元に公共事業・補助金を獲得することが、選挙での自分の票の増加につながると信じているから、その獲得に努力するのである。また、地方の側も、公共事業や補助金の獲得に政治力を利用することが有利であると考えているから、地元選出の政治家の力を借りようとするのである。」[19]とである。

以上のことは何を語っているのだろうか。それは日本の公共事業や公共投資についての政策決定過程に官僚、政治家、企業などの利益集団、更に地方公共団体がそれぞれの利益を求めて合理的に行動しているということである。堀要教授が論及しているように、官僚の最大にして、かつ合理的目標は出世である。政治家のそれは官僚に働きかけ、自らの選挙区の利益集団のために政治力を発揮し、更に世話をし、次の選挙で再当選することである。地方、すなわち地方公共団体の長と公務員は自らの地域に多くの公共事業や補助金を持って来て、地域のために働いているというのがそれであり、利益集団は多くの収入を安定的に確保することがそれである。それらの自らの目標には何ら問題はないといえよう。問題は、この政策決定過程が構造化し、システム哲学やシステム理論のいう閉鎖もしくは孤立システムになってしまっているということである。そうであれば、この決定メカニズムは自らに都合の良いように動員できるということになる。堀要教授は「地元への公共事業・補助金の獲得額は、与党政治家の得票にプラスの影響を与える」[20]と結論づけていることからも明らかである。その結果が八〇兆円にも及ぶ公共投資であり、無限に続く公共事業の継続に繋がるのである。この決定メカニズムとこの政治システムに異論を唱えたものは排除されていく政治の流れは、民主主義の政治過程に反していると結論できる。

以上のような公共事業や公共投資の政策決定過程から出てくる結果物がどのようになってきたかについて考察してみよう。これまで北海道、東北、裏日本、そして九州・沖縄が公共工事の多い地域といわれてきている。それは国の公共事業に関する予算配分から明らかである。産業の多元化の進んでいない地域に対する国の補償的意味あいが強い。だがそうできるのも経済の成長率の高い時か、税収の豊富な時には可能であろうが、今日の様に国際競争力の激化による企業の利益率の低下の時代には通用しないことは誰が見ても理解可能なことである。国の公共事業に対する政策転換の時なのである[21]。

次に上記の地域とは別な地方都市で公共工事がどのようになされ、その結果がどうなっているかについて考察して見よう。筆者が生活している福岡市でのことである。福岡市に博多湾から背振山という山並みのあるところを流れている約三〇キロメートルの長さをもつ那珂川がある。この川はいま川の両岸に木のない排水路のような姿になっている。とくに博多湾に近いところではその傾向が強い。生活排水や工場排水がながされているからである。博多湾近くの都市部においては、洪水や市民生活上、止む得ないことから川のコンクリートによる三面張りが許されるであろう。その川の中流部までに多くの堰がつくられている。今はもう農業がなされていなく、本来ならばそのような堰は取り除かれなければならないのである。川の生物にとっては邪魔物であるからである。しかもその堰の段差は無知なる人間の工作物である。その川の上流部に大きな花畑ダムが福岡市の水がめとして建設されている。近年このダムに水が満水の状態になったことがない。その理由を福岡市水道局は降水量の少なさにしているが、この背振山の山の状態を抜きにしていると思われる。山間はどんどん開発され、山林の貯水能力が落ちてきている。その川のより上流の佐賀県境にもう一つの五ケ山ダムを作るというのであるから、川に水が流れる暇もなくなるのではと心配している。そして上流のまた上流までの護岸工事である。これは必要のない無駄な工事であると判断できよう。あのような急流になぜそのような工事が必要なのか説明を求めたい気持ちに駆られる。

また福岡市内であの有名なパーティ事件を起こした福岡市営地下鉄三号線の建設に対して、政府・大蔵省は、約五三二億円の予算をつけた。福岡市内に住んでいる者としてこの市内交通網の不備から早く建設してもらいたいと願っていることである。しかし問題を感じる点は、今から二一～二年前に、なぜ国鉄路線の博多から小笹経由の唐津行きの路線が廃止されたのであったのかということである。これで福岡市の南区、城南区、早良区などの都市交通体系を後退させてしまったのである。筆者が思うに福岡市には、公共工事担当者にバランスある交通体系に対する考え方がなく、政治屋的発想による利権争いによって決定しているのではないかと疑いをもっている。同じ事が今回の福岡市営地下鉄三号線である。

その路線図をみて驚きである。都心部の天神地域に入るともう迷路線になっているからである。少なくとも、その路線は博多駅か福岡空港に結びつけるのが自然である。さらに考えるならば、博多駅、空港、天神、百道、城南区、南区などを含めた地下鉄の循環線の建設の方が先ではないかと考えられる。その循環線に対して、これから建設しようとする新たな地下鉄を含めた交通網を整備すべきであると考えられる。もう少し福岡市民の参加した計画案を作った方が、より市民に好都合な交通網が完成すると思われる。元気印の福岡市こそ、この地下鉄建設工事とこれから建設しようとしている工事に国際化の波を先取りした国際自由入札を実行し、日本に新たな公共工事の方式を確立してまた日本全国に新たな波を起こす時である。こうすることによって、公共投資の総額を削減し、より質の高い工事の推進、国営化したような五〇万に及ぶ建設会社の合理化が図られ、それらに吸収されていた労働力を新たな産業開発に投入できるようになるであろう。

7　国家独占的公共事業の非国際経営システムの終焉

これまで日本の公共投資や公共事業のあり方、それらの政治的決定過程、問題点などについて論及してきた。この研究から政府、官僚、政治家、地方公共団体、及び企業が一体化した閉鎖的システムあるいは孤立的システムを結果的に形成し、構造化しているということが解明された。このようなシステムになっている権力関係の中で、公共事業を引き受けている企業の形態が同じくピラミッド型に構造化してきた。一番上位にゼネコンの大企業、次に第一下請け企業、第二下請け企業、そして一番最下位に零細の建築会社という形式になっている[22]。これは鉄のトライアングルを意味し、公共事業の注文先が政府、そして政府の完全なる規制の下でそれが特殊公団に施行命令が下され、実際に多くの建設会社が建設に取りかかるのである。多くの建設会社は、政府との調整のための建設協会、例えば「日本建設業団体連合会」のような特殊の組織をつくり、そこで様々な調整(談合といっても良い)を行っている。この協会の構成員になる条件にまた問題がある。それは全世界に公開されていないということである。どこまでも日本のこのシステムは自らに都合の良いことだけを結果的に実行しているに過ぎないというよう。

したがって、日本の建設会社は、日本の国内建設市場を独占し、しかもカルテル化してしまうのである。その一方、日本の建設会社は海外に進出し、多くの海外建設市場に進出している。これが不公正であると批判される原因である。特に大手建設会社の国内市場の独占化傾向に対して問題が指摘されている。現在では日本の大手建設会社の国際競争力のなさが指摘され、経営システムが国際化を必要とされている。日本の大手建設会社及び多くの建設会社にとって、国際化の荒波こそが自らの改革に結びつき、安くて質の高い工事および建設が可能になるであろう。国営化している日本の公共事業は開放的システムの原理である自由化、国際化、情報化、効率化、自然化、異質化、そして倫理化を推進することによって、国際的に通用する経営システムが形成されるであろう[23]。

註及び引用文献

（1）この比率の決定は建設省の中でも、官僚の文官ではなく、技官の強い発言権、あるいは恣意的思惑によって決定されていることに問題があると指摘されている。参照、五十嵐敬喜・小川明雄『公共事業をどうするか』(岩波新書、一九九七年、四頁)。

（2）先進国中、日本が際だって公共投資が多いことについて以下の文献を参照のこと。建設政策研究所・中小商工研究所共編『建設産業の現在』(東信堂、一九九七年、第三章、二四六頁)。

（3）建設政策研究所・中小商工研究所共編『建設産業の現在』(東信堂、一九九七年、一六三～一六四頁)。

（4）藤本一美『アメリカ政治の変革』(第三文明社、一九九三年、一三二～一三三頁)、中野実『現代日本の政策過程』(東京大学出版会、一九九二年、八三～一二九頁)。

（5）参照、堀要『日本政治の実証分析』(東海大学出版会、一九九六年、七～八頁)。

（6）一番大きな問題は、これらの決定が政府内の閣議決定になっていることであろう。閣議構成者と官僚の思うままに公共投資や公共事業が決定できる制度になっていると指摘されている。参照、五十嵐敬喜・小川明雄『公共事業をどうするか』(岩波新書、一九九七年、一六四頁)。

（7）このデータは、建設省のホーム・ページから取り出したものである。

（8）宮本憲一「総合社会影響事前制度の樹立を」(『環境を破壊する公共事業』緑風出版、一九九七年、二七二頁)。

（9）宮本憲一「総合社会影響事前制度の樹立を」(『環境を破壊する公共事業』緑風出版、一九九七年、二七六～二七七頁)。

(10) システム哲学は、存在者を主体と客体に分割できないとし、間主体性を措定する。したがって環境は客体と定義できなく自ずと工学的手法に制限を与える。人間は環境のなかで他の存在者と共に生活している存在なのである。この意味で人間は環境を全面的に、例えば川のコンクリートによる三面張り工事は正義に反していることになる。現在、このような工事方法が許されているのは、法体系が誤っているからである。参照、伊藤重行『システム哲学序説』(勁草書房、一九八八年、第三～四章)、更に、参照、堤江実「東京砂漠エレジー」(北原貞輔・石井薫編『自然を捨てた日本人』東海大学出版会、一九九四年、九四～一一四頁)。

(11) 宮本憲一「総合社会影響事前制度の樹立を」(『環境を破壊する公共事業』緑風出版、一九九七年、二七八頁)。

(12) 宮本憲一「総合社会影響事前制度の樹立を」(『環境を破壊する公共事業』緑風出版、一九九七年、二七九頁)。

(13) 「建設ビックバン」は筆者の造語である。何故それが必要かいえば、あまりにも日本の建設市場が閉鎖的だからだ。それは次の文章でも明らかである。「癒着と談合による閉鎖的な日本の　建設市場の中で、もたれ合いながら生きてきた大手ゼネコンにとって、アメリカを中心とした市場開放要求は…大きな脅威となっています。」(辻村定次「ゼネコン機能の変化」建設政策　研究所・中小商工研究所共編『建設産業の現在』東信堂、一九九七年、一三一～一三二頁。)

(14) 参照、五十嵐敬喜・小川明雄『公共工事をどうするか』(岩波新書、一九九七年、十八～二〇頁)。

(15) 無駄な道路がどんどん作られるのは、ガソリン税がある限り続く法体系になっているからである。更に問題なのは道路の定義である。日本は高速道路などの長さにおいては、生活圏との比で先進国で一番長いが、道路舗装率では低く提示されている。それは、簡易舗装道路が舗装道路に含まれないからである。参照、吉田和男『日本の国家予算』(講談社、一九九六年、六七～六八頁)。

(16) ここで論じられている予算は、国家予算の一般会計についてであって、他に特別会計がある。この特別会計の総額は二五七兆円もあるのだ。この中には一般会計からの分も含まれる場合もあるが、それにしてもあまりにも巨額で、日本の産業は国営化していると断言できる数字である。参照、吉田和男『日本の国家予算』(講談社、一九九六年、五八～六四頁)。

(17) 五十嵐敬喜・小川明雄『公共工事をどうするか』(岩波新書、一九九七年、二二三頁)。
(18) 堀要『日本政治の実証分析』(東海大学出版会、一九九六年、四一～四二頁)。
(19) 堀要『日本政治の実証分析』(東海大学出版会、一九九六年、一〇一頁)。
(20) 堀要『日本政治の実証分析』(東海大学出版会、一九九六年、一一七頁)。
(21) 吉田和男『日本の国家予算』(講談社、一九九六年、八十四頁)。
(22) 参照、(第三部)「政府・行政・大手ゼネコンの21世紀戦略の批判」(建設政策研究所・中小商工研究所共編『建設産業の現在』(東信堂、一九九七年、一七一～二二五頁)。
(23) 伊藤重行『アジア・太平洋関係論』(あきつ出版、一九九三年、三五頁)、更に、Shigeyuki Itow, "One Moment Business and One Year Business in the Asia-Pacific Region," *Journal of Futures Studies*, Vol.2, No.1, Tamsui: Tamkang University, Taiwan, 1997.

参考文献

五十嵐敬喜・小川明雄『公共工事をどうするか』(岩波新書、一九九七年)
伊藤重行『システム哲学序説』(勁草書房、一九八八年)

伊藤重行『アジア・太平洋関係論』（あきつ出版、一九九三年）
伊藤重行『日本からの新しい文明の波』（勁草書房、一九九五年）
伊藤重行「サイバネティックスの地方分権論」（『計画行政』第2巻第4号、一九九七年）
岩下秀夫『日本のゼネコン』（日刊建設工業新聞社、一九九七年）
岡野加穂留『国会は無駄づかい』（山手書房、一九八四年）
金子仁洋『官僚支配』（講談社、一九九三年）
樺嶋秀吉『ＤＯＫＥＮ天国ニッポン』（日本評論社、一九九七年）
久慈力・横田一『政治を歪める公共事業』（緑風出版、一九九六年）
北原貞輔『経営進化論』（有斐閣、一九九〇年）
北原貞輔・石井薫編『自然を捨てた日本人』（東海大学出版会、一九九四年）
建設政策研究所・中小商工研究所共編『建設産業の現在』（東信堂、一九九七年）
週刊『金曜日』編集部編『環境を破壊する公共事業』（緑風出版、一九九七年）
立山学『橋本行革の罪と罰』（健友館、一九九七年）
中野実『現代日本の政策過程』（東京大学出版会、一九九二年）
藤本一美『国会の再生』（東信堂、一九八九年）
藤本一美『アメリカ政治の変革』（第三文明社、一九九三年）
ベネット、ジョン、梅田訳『建設プロジェクト組織』（鹿島出版、一九九四年）
堀要『日本政治の実証分析』（東海大学出版会、一九九六年）
西日本新聞社「公共事業費削減が直撃」（『西日本新聞』一九九七年一二月三〇日朝刊）

吉田和男『日本の国家予算』(講談社、一九九六年)
読売新聞社「公共事業漬けの地方、止まらない無駄な投資」(『読売新聞』一九九七年八月三日朝刊)
読売新聞社「土建国家は破産する」(一)～(五)(『読売新聞』一九九七年八月五日以降)
読売新聞社「失速橋本行革」(『読売新聞』一九九七年一一月二五日朝刊)
Shigeyuki Itow, "One Moment Business and One Year Business in the Asia-Pacific Region," *Journal of Futures Studies*, Vol.2, No.1, Tamsui: Tamkang University, Taiwan, 1997.

第一三章　日本の地方分権の哲学と政治

明治維新以後の国家の大改革、戦後の国家の形成過程は、一貫して行政機能の強化・拡大による中央集権にして中央主導型であったといえよう。行政機能の強化・拡大については、日本国家全体の発展がもたらした結果であることから、良い・悪いと即断できなく多面的に論じられなければならないが、その強化・拡大が中央集権的であり、かつ中央主導であったということについては、今日的状況から見て論じる段階にきたといえよう。何故ならば長期にわたる行政機能は、国家組織において構造化し、エントロピーの法則にしたがって悪機能となる場合があるからだ。今日の日本国家の行政がどのような「計画」に基づいて展開されているのか、すなわち計画行政学会が規定する意味において、どのような計画行政になっているのかを論じなければならないのである。

1　地方分権を見抜く知力——ホーリズムの立場

ここでは、行政組織における中央集権、地方分権、地方主権等のあり方をサイバネティックスとシステム論のホーリズム[1]の立場から、地方自治法にいう国と地方公共団体の関係を論究する。サイバネティックスとシステム論（システム－サイバネティックス・モデル）[2]では、地方自治法にいう国を全体として、また地方公共団体である都道府県市町村を部分と規定し、全体と部分の関係のあり方から地方分権を見抜く知力を提示してみようと思う。この論議は、地方分権に対する本質論であり、現代科学の最先端の思考から論究される哲学的本質論に関わるものである。

2　全体と部分を見る視座

ここでは国を全体、地方公共団体を部分とまず規定しよう。したがって国と地方公共団体との関係を全体と部分との関係で考察することができる。この全体と部分との関係を考察する場合、それらの間に全く何の関係もなく、ただ全体だけがあるとか、あるいは部分だけがあるという議論を取るのであれば、国だけがあるとか、あるいは地方公共団体だけがあるという議論になり、このような論理は極めて明解だが、認識論的には多くの問題を含んだものとなろう。そしてこのことは、われわれが対象をどのように認識するかという事に関わっていることになる。ホーリズムの立場はそれらの間に何らかの関係が存在し、そしてどのようになっているかについて強い関心を持っているのである。このことから、ホーリズムの立場は全体と部分の間の関係、すなわち国と地方公共団体との間にどのような関係があるかに、専ら関心があるということになる。

そこで全体と部分の関係を考察する場合、全体とは、部分を一つずつ加算した合計を指すのか、あるいはまたそれは、部分を一つずつ加算したもの以上とするのか。さらにはそれは部分同士とそれらの関係から現出してくるレベルの違った新たな性質とするかによって異なって来るのである。全体は、部分を一つずつ加算した合計とするのであるならば、部分に主権があり、部分の主権の加算が全体ということになる。このような認識に立つならば、地方公共団体に主権があり、その主権の加算されたものが国ということになる。徹底した個人主義的思考とはこのような考え方であり、地方主権の成立である。今日の行政のあり方にとっては、この考え方は有効性を持っていると考えられるが、国の崩壊をもたらすとして多くの支持を得ることができないであろう。そこである地方公共団体の一部分、すなわちある地方を部分的に限定して試験的に試みるという方式にとってのみ有効ということになり、この場合に限り議会でも賛同を得ることができよう。

次に全体とは、部分を一つずつ加算したもの以上とする立場に立つならば、全体が一方的に部分よりも優位に立つことになり、部分は全体の為にあると考える事になる。全体に主権があり、部分はその全体の従属物と認識する事になる。この考え方はホーリズムとしての全体論ではなく、絶対主義や全体主義、あるいは共産主義の思考形態ということになり、中央集権、権力の集中、行政組織の序列化、そして行政機能の肥大化に結果的になってしまうのである。このような思考形態は、もう既に歴史的実験を終えたので、今日の日本の行政のあり方としては多くを語る必要はないであろう。しかしこれまでの日本の計画行政の思想は、結果的にこの考え方に立ち、中央集権的行政形態と機能のあり方を直接・間接に支持してきたものといえよう。この意味から地方主権といわないまでも、地方公共団体に何を分権させるかという議論が起こってくるのである。地方公共団体の食料費問題や中央政府、中央官庁への陳情、機関委任事務などは、この思考線上に沿った結果物であり、悪制度もしくは権力をもった悪い慣習の結果物なのである。

更に全体は、部分同士とそれらの関係から現出してくるレベルの違った新たな性質、換言するならば、ある存在には全体的側面と部分的側面があり、それらが総体的にまとまりを持って在るということである。システムとはこのようなものである。それは部分としてのシステムが相互作用しながら新たな全体をつくり、新たな全体は上位システムを作りだすのである。部分としてのシステムは相互に共通の価値の共有(このことは多くの場合、公開された情報入手が自由に行われていなければならない。)によって協力システムとしての下位システムを形成する事になる。この意味で上位システムと下位システムは対立することなく、相互に価値の共有を生み、下位システムは上位システムを必要とし、上位システムは下位システムを必要とする(このような思考をホーリズムといい、特に筆者はシステム主義と命名している)。それぞれのシステムが権力ではなく権威によって成立し、権力は強制を発動する能力であるから分裂あるいは対立を生み出すのに対して、権威は同意を引き出す能力であるから権力の強制とは全く異なっているといえよう。このことから国は単に上位システムであり、地方公共団体は下位システムにしか過ぎないということになる。しかも国も地方公共団体も権威を持たなければならないことから住民から支持されたものでなければならないということになる。地方分権とは国の主権の分割ではなく、地方が主権を持ち、その主権によって同意を引き出す能力としての権威を持つことを意味しているという意味で、地方分権なのである。このような思考形態によって存在する対象をホーリズムの立場から解釈するモデルがシステム―サイバネティックス・モデルである。次に原理としてのそのモデルを考察する事によって、今後の計画行政の思想と地方分権の必要性について論じて見よう。

3　システム―サイバネティックス・モデル

システム―サイバネティックス・モデルは、この世界を構成している存在の物理的側面と心的側面を統一的に理解することができる。前者は「自然システム」と命名され、後者は「認識システム」と命名される。自然システムは、具体的なシステムである素粒子、原子、分子、細胞、有機体、生態系、社会組織、国家などの物質あるいはエネルギー、すなわち物理的出来事を処理するシステムの一般理論であり、認識システムの方は、具体的なシステムとして掲げたものが潜在的に、あるいは顕在的に具備している「心的現象」である知覚、思考、記憶、学習、性向、感覚、意志、意識、経験等々の情報、すなわち心的出来事を処理するシステムの一般理論である。これら二つのシステムに共通なシステム的不変性と構造的同型性に注目して一つの統一的なモデルが構築される。その場合、四つの不変性を要件としてシステム―サイバネティックス・モデルが構成される。第一は「全体、秩序、非還元性」、第二は「ファーストサイバネティックス(自己安定性)」、第三は「セカンドサイバネティックス(自己組織性)」、最後に、「重箱形階層性」である。

（1）　全体、秩序、非還元性

このモデルの第一の要件は、全体、秩序、非還元性である。これらの諸概念は、自然システムと認識システムの時―空における状態特性を捉えるために不可欠の概念であり、このモデルの「システム……」という用語がその特性を表象する。システム哲学は自然システムと認識システムをどのようなシステムとして捉えるのであろうか。結論を先に述べるならば、それらは加算的でも超加算的システムでもなく、非加算的システムであるとする。フォン・ベルタランフィ氏は、複合的組織体の扱い方に三種類の方法があると述べている。第一は、ある複合的組織体の諸要素を同質とみなしひとつひとつ加える(「数」重視の)方法、第二は、ある複合的組織体の諸要素を同質、異質に分類し、ひとつひとつ加える(「種」重視の)方法、第三は、ある複合的組織体の諸要素のみならず、諸要素閻の諸関係をもまた考慮する(「関係」重視の)方法である。第一と第二の方法から抽出される特性は、時―空のいかなる状態においても組織体内、外を問わず諸要素自体が変化をきたすこともなく個々ばらばらに分解し加えることを可能とするがゆえに、加算的総和特性が現出し、第三の方法からは、その組織体内、外では諸要素の行動に変化をきたし、諸要素を離合集散不可能であり、その組織体内の特定の関係に諸要素が依存しているがゆえに、非加算的構成的特性が現出するとする。このモデルでは、この第三の方法を取り入れ、自然システムと認識システムを構成する具体的なシステムである自然的諸存在を非加算的システムとし、全体を部分に還元不可能(非還元主義、創発主義)とし、関係性に導びかれた非加算的システム特有の全体と秩序を有すると認識するのである。このように自然的諸存在を非加算的システムと認識することの正しさは、最近の科学で認められてきている。かくして自然的諸存在の構造をマッピングするために構築された自然システムと認識システムのモデルは、「あらゆる自然的諸存在は、非還元的特性をもった全体である」という一般命題を提供する。

(2)　ファーストサイバネティックス

このモデルの第二の要件は、ファーストサイバネティックスである。この概念は、環境に対して相対的に閉鎖的で、相対的に開放的なシステムの範囲にある自然システムと認識システムの物質、エネルギー、情報の入―出力の諸過程と動的構造の研究に関係し、N・ウィーナー氏の中心的主題になっていたネガティブフィードバックコントロールの制御形式を指す。この場合はシステムの自己安定化を図る機能となる。ところがM・マルヤマ氏が理論的に究明し展開しているポジティブフィードバックコントロールの制御形式がある。それを「セカンドサイバネティックス」と定義する。この場合はシステムの自己組織化を図る機能となる。サイバネティックス概念を「ファースト」と「セカンド」に分類するならば、あるシステムが環境との間で物質、エネルギー、情報を交換し、既存の秩序化した全体のパターンを維持したり、あるいは変更し新たな秩序を形成したりする二側面を理解するのに有益である。このファーストサイバネティックスは、例えば生物の形態生成とは逆の形態維持やホメオスタシスの自己安定的機能と同一である。また同じ機能は、原子が基底エネルギー状態において安定(動的平衡)しているが、原子核の崩壊のときに外界から高熱エネルギーがかかると励起状態となり、次の時点でトランジションが起こり、出力としての放射線やニュートリノを放出し、再び元の基底エネルギー状態に戻っていく過程、人間が作るこれまでの人工の機械システムも与えられていない目的を決して遂行しないという点や、人間社会および組織の習慣、伝統、儀式、法律、政治的保守主義などにもみられる。ところで、あるシステムが完全に閉鎖システムの場合、既存の秩序化した全体のパターンは崩壊の一途をたどり、いわゆる熱力学的平衡＝熱死の状態にいきつく。また完全に開放システムの場合、時―空の統一した場に秩序化したパターンすら起らない。したがって、現実のシステムは様々なレベルで相対的に閉鎖的あるいは開放的であったりするシステムであり、また常に環境から何らかの入力としての圧力やかく乱を受け、それらに適応し自己規制をしながら動的平衡を維持し安定化を図っているのである。かくして自然的諸存在の構造をマッピングするために構築された自然システムと認識システムのモデルは、「あらゆる自然的諸存在は、変化する環境の中で自らを存続させている」という一般命題を提供する。

（3）セカンドサイバネティックス

このモデルの第三の要件は、セカンドサイバネティックスである。この概念は、自然システムと認識システムが環境からの外的諸力を受けたり、パラメトリックフォーシングを通じて反応し、既存のパラメータを変更し再組織化（再秩序化）していく、いわゆる進化、発展、学習などの側面に用いられる。ファースサイバネティックスが自然システムと認識システムの過去から現在までの進化、発展、学習などの結果として産出された秩序化した全体のパターンを維持する自己安定化機能の側面に用いられるのに対して、セカンドサイバネティックスは、それら二つのシステムを進化、発展、学習などの、現在から未来にかかわる新な秩序状態を再編していく自己組織化機能に用いられる。この後者のことは、地球的存在である自然的物の進化、発展の歴史が証明しているので多言を要さない。最近の、星の一生の研究、非平衡システムの研究、水素からヘリウムへの転換過程の研究、遺伝子やオルガネラ（細胞内小器官）の研究、社会発展の研究などによってこの側面の重要性が提唱されてきている。今後、人工の機械システムが、もしその目標として自然システムや認識システムと構造的に同型化して発達するならば、見逃してはならない側面である。以上のことから少なくとも言及できることは、進化、発展、学習、研究、創造など自己組織化にかかわる概念の意味する内容は、理論的に特異な現象ではないということである。かくして自然的諸存在をマッピングするために構築された自然システムと認識システムのモデルは、「あらゆる自然的諸存在は環境の挑戦に呼応して自らを創造する」という一般命題を提供する。

(4) 重箱型階層性

このモデルの第四の要件は、重箱型階層性(チャイニーズボックスともいう)である。この概念は、自然システムと認識システムのあるレベルのシステムの下位・上位システム、内的・外的システムの関係、時―空におけるシステムの全体的構図と非加算的システムの適応のあり方を捉えるために不可欠の概念である。ここでは正三角形を想定してもらおう。その三角形は、その三辺を等分にした点を線で結ぶとその三辺のなかに四つの正三角形ができる。またその一つの三角形上に同じ操作をすると、またより下位のレベルに正三角形が四つできる。更に、ある低位レベルの三角形からより上位レベルをみても同じことがいえる。つまり重箱型階層性は、ある任意レベルのある正三角形(もしくはシステム)を巡って無限大と無限小に向って分割可能(厳密には加算的システムが可能で非加算的システムは近似的に可能)となり、無限小の方向に進めば進むほど、その構造がより単純となり、無限大の方向に進めば進むほど、その構造が複雑になり、一大ネットワーク(複合的組織体)を構成しているところに特徴がある。生物有機体は、細胞組織、細胞質、染色体、遺伝子など(各々はまた下位の分子、原子から構成されている)によって構成され、その秩序化した全体のパターンは重箱型階層の構造になっており、生物有機体を構成している各下位の構成要素は、機能的に生物有機体という全体に対して、諸要素はそれらなりに独自の自由度もしくは特性をもち(この場合全体を崩壊させないという意味での適応形式であるため機能的適応と定義しファーストサイバネティックスに属し、全体を部分的にせよ崩壊させて新たなレベルの構造を形成するという適応形式を構造的適応と定義するとセカンドサイバネティックスに属することになる)しており、生物有機体という全体の方は、多要素に対して自らの側で自らを絶対的にばらばらに分解し各要素の方に分け与えられない(全体は部分の方から一方向的に構成されており、下から上への連続性と上から下への非連続性、したがって上から下へ、全体から部分へ完全に還元することは不可能)という意味でシステム的適応をしている。最近の素粒子、原子、分子、生物有機体、社会、国家、価値、文化、生態系等々の研究成果は以上のような結論の正しさを理論的に証明してきている。かくして、自然的諸存在の構造をマッピングするために構築された自然システムと認識システムのモデルは、「あらゆる自然的諸存在は、自然の階層性の中にあって各々が触れ合い、相互に調整し合っている」という一般命題を提供する。

4　サイバネティックスの地方分権論

われわれは、自然的諸存在のもつ自然システムと認識システムの不変性と構造的同型性に注目し、その認識モデルとしてシステム―サイバネティックス・モデルをデザインした。このモデルは、自然的諸存在から抽出してきたモデルであるという意味でダイナミックで流動性に富んだものになっている。またこのモデルは、ある自然的諸存在が内的、外的環境の変化に機敏に対応し安定化を図り、もしそういう変化に対して機能的に呼応できないならば、自らの内的構造を再編成して構造的に適応していくことが可能と同時に、過去に構造化した内在的目的、価値、規範を現実を通じて未来へと投射し、未来の状態の外在的目的、価値、規範をも新たたに構造化していくことが可能であるということを示している。

このモデルを、より単純化してまとめるならば、われわれ人間、社会組織、行政組織、国家を合めてあらゆる自然的諸存在は、「自然・認識システム」であるといえよう。

このことから国や地方公共団体は、自然・認識システムであると定義できる。それは、外界からエネルギーと情報を自由に入力し、また出力し、ある場合にはフィードバックをかけ自己安定をはかると同時に、フィードフォーワードをかけ自己組織を果たす存在である。重箱型階層性が形成されるのはそのような自然・認識システムであるからであり、しかも下位システムから上位システムが連続的に形成されるのに対して、形成された上位システムは、下位システムに対して非連続的である、となっている。このように形成されるシステムは権威を獲得するからであり、その構成要素である下位システムからの同意を引き出す能力も増大することになろう。そうなればますます上位システムは、権力の強制を使う度合いが少なくなって行くであろう。国と地方公共団体の関係は前者が上位システムであり、後者が下位システムであるから、同じ事がいえる。その結果、国と地方公共団体は相互の自立性を認め、相互共に活発に活動し生命体としての行政組織が形成され進化・発展を繰り返すであろう。地方が生命体として活発になれば、それと同時に国もまた活発な生命体になるであろう。このことは、住民や国民が外界からエネルギーと情報を自由に入力し、また出力し、ある場合にはフィードバックをかけ自己安定をはかると同時に、フィードフォーワードをかけ自己組織を果たす存在になり、またなっていることを指しているである。そのような住民や国民は権威を形成し、多くの人々から同意を引き出す能力を持つことになろう。以上のことから、システム―サイバネティックス・モデルの四つの要件によって説明される国と地方公共団体は、全体と部分の関係的解釈から今日の日本国家内で執行されている行政の中央集権的あり方を解体し、地方分権をより一層推進することを正当な考えとして支持する事になる。そうする事で行政組織の合理化と適正化が図られ、対外的には国際競争力を持ち、真に地球的に協力的な国家が形成されるであろう。そして地方が生き生きとした生命体となり、自律的で、自立的な地方公共団体が誕生する事になるであろう[3]。新しい世紀はそのような国や地方公共団体の出現を求めているのである。

註及び引用文献

（1）　サイバネティックスやシステム論は、ホーリズムの立場を取る。ホーリズム(holism)とは部分と全体が相互に連関し合い、より部分が部分の自立を図り、そのことがまた全体の個性を高めることにつながると考える。特に筆者は、そのことをシステミズムと定義している。

（2）　このシステム―サイバネティックス・モデルについてのより詳しい言及は、伊藤重行『システム哲学序説』(勁草書房、一九八八年)の第三章、第四章でなされている。

（3）　地方公共団体は、行政であり、国際化時代にはやはり国際競争力を持っていなければならない。また国民や市民の立場から考えると、地方公共団体は非政府系の団体と競争しなければならない。このことは行政は他の非行政組織と競争する事を意味する。実際、現在の日本では、郵便局の業務とクロネコヤマトの宅急便の業務との間の競争が起こることによって、ますますどちらも活性化してきた。特に郵便局の活性化に役立っている。

参考文献

伊藤重行『システム・ポリティックス』(勁草書房、一九八七年)
伊藤重行『システム哲学序説』(勁草書房、一九八八年)
伊藤重行『アジア・太平洋関係論』(あきつ出版、一九九三年)
伊藤重行『日本からの新しい文明の波』(勁草書房、一九九五年)
N・ウィーナー、池原止戈夫・弥永昌吉・室賀三郎共訳『サイバネティックス』(岩波書店、一九五七年)
岡野加穂留『日本国にもの申す』(東洋経済、一九九五年)
金子仁洋『官僚支配』(講談社、一九九三年)
高橋直子『国際交流の理論』(勁草書房、一九九七年)
地方分権推進委員会事務局編『地方分権推進委員会第一次勧告』(ぎょうせい、一九九七年)
K・ドイッチュ、佐藤敬三他訳『サイバネティクスの政治理論』(早稲田大学出版、一九八六年)
日本経済新聞社編『地方分権の虚実』(日本経済新聞社、一九九七年)
藤本一美『国会機能論』(法学書院、一九九〇年)
本田弘『参加型分権化の地方自治』(評論社、一九八六年)
吉田和男『日本の国家予算』(講談社、一九九六年)

あとがき

これまで北米、南米、欧州、オセアニア、スカンジナビア諸国、ロシアを含む東ヨーロッパ諸国、中東諸国以外にも、トルコ、インド、それに東南アジア諸国も旅をしてみた。これらトルコ、インド、それに東南アジア諸国全地域をアジアとしてくるにはあまりにも広大である。どうしてこれらアジアといわれている諸国の経済の発展形態がこうも違うのか。もちろん文化、言語、企業経営、政治体制も様々である。これらの多様性は、地球文化の進化と形成のあり方としても興味あることだ。

近年、特に日本に住んでいる一人の研究者として北東アジアの未来に非常に関心を持つようになった。北東アジアには、ロシア極東、モンゴル、韓国、北朝鮮、中国、台湾(中国・台北)、日本が入るが、最も民主化され経済の発展した台湾(中国・台北)、韓国、日本、それに現在急速に発展してきた中国、そして問題の北朝鮮である。私が最も関心を持っていることは、この北東アジアに何らの安全保障をする機構がないということである。

後十年も経過すると北東アジアは、中国の経済発展が軌道に乗り、中国、米国、韓国、台湾(中国・台北)、そして日本の国家関係と地域関係が極めて密接になることは明らかである。このような状況を予想できる北東アジアに米国を加えた北東アジアの安全保障機構の設立の必要性と、またその機構を支援する北東アジア開発銀行の設立を本書で提案しておきたい。そのために日本は、政権交代が容易にでき、財政赤字を克服し、無駄を省き、厳しい生き方を身につけなければならない。そのための参考の人物として長谷川光二、A・N・ホワイトヘッド、ベトナムのホー・チ・ミンを取り上げてみた。本書は、拙書『アジア太平洋関係論』に次ぐ、アジアと日本の未来の秩序を意識した著作である。

本書の副題はシステム・アプローチとしたが、システム論にシステミック・システム論とシステマテック・システム論の二流派があり、ここで使われているシステム論のシステムは「一緒にまとまってある」システムが自己安定・自己組織するシステムとしてとらえられている。この宇宙や生命体、組織体としての企業、集団などにも応用可能な思考である。したがって、システム哲学的アプローチと同義である。

本書の出版に当たって、東信堂・下田勝司氏、同社編集部・松井哲郎氏、そして専修大学・藤本一美教授にお世話になったことをここに記して感謝を申し上げます。

なお、本書を構成している論文の初出誌は、次の通りである。

○第一章「長谷川光二の世界」(『釧路新聞』二〇〇三年五月五日〜六月二五日)
○第二章「人間は阿呆か、それとも利口か」(『地球マネジメント学会通信』第二九号)
○第三章「苦悩と崩壊の日本の心」(改題)(日本国際政治学会〔交流部会発表要旨〕、千葉県上総アカデミックパーク、一九九九年六月)
○第四章「心を考えてみる」(『地球マネジメント学会』第八号、二〇〇〇年一一月)
○第五章「システムの存在論」(『西日本哲学年報』第五号、一九九八年)
○第六章「ホワイトヘッドとウイーナーの歴史的・哲学的役割」(改題)(『政治思想とデモクラシーの検証』東信堂、二〇〇二年)
○第七章「ホワイトヘッドの政治理論」(『プロセス思想』第九号、日本ホワイトヘッド・プロセス学会、二〇〇〇年八月)
○第八章「北東アジアの秩序と安全保障機構の形成」(改題)(Pusan Political Science Review, Vol.7, No.1, 1996.)
○第九章「二一世紀における国際関係と韓国」(釜山外国大学校国際シンポジウム基調講演要旨、二〇〇一年一一月)
○第一〇章「日本の東南アジア外交」(『村山政権とデモクラシーの危機』東信堂、二〇〇〇年)
○第一一章「デモクラシーの形成途上国のベトナム」(改題)(『比較政治学とデモクラシーの限界』東信堂、二〇〇一年)
○第一二章「日本の国営企業的公共事業の政治学(改題)」(『環境経営論I』税務経理協会、一九九八年)
○第一三章「日本の地方分権の哲学と政治」(改題)(『計画行政』第二〇巻、第四号、日本計画行政学会、一九九七年)

(平成一六年二月三日記)

〈著者紹介〉

伊藤　重行(いとう　しげゆき)

1943年生まれ。

1973年、明治大学大学院政経研究科博士課程修了

1990年、経済学博士号取得(九州大学経済学部)

現在　九州産業大学経営学部大学院教授、アジア・太平洋プロジェクト・ディレクター、福岡県明推協副会長、福岡ベトナム友好協会会長、その他学会理事多数。

【編著書】『政治学ー近代と現代』(学文社、1980〈共〉)、Goals for Mankind (E. P. Dutton〈New York〉1981〈共〉)、Goals in Global Community (Pergamon Press,〈New York〉1982〈共〉)、『若者の未来地図』(櫂歌書房、1986)、『風景の世界』(櫂歌書房、1986)、『システム・ポリテイックス』(勁草書房、1987)、『システム思考の源流と発展』(九州大学出版会、1987〈共〉)、『システム哲学序説』(勁草書房、1988)、『日本的システム思考』(中央経済社、1991〈共〉)、『国際交流と地球社会』(あきつ出版、1992〈共〉)、『環境百科』(駿河台出版社、1992〈共編〉)、『アジア・太平洋関係論』(あきつ出版、1993)、『日本からの新しい文明の波』(勁草書房、1995)、『ホワイトヘッドと文明論』(行路社、1995〈共〉)、Doing Business in Asia-Pacific Region Countries (Du Nam Publishing, 2001)、『政治思想とデモクラシーの検証』(東信堂、2002〈共〉)、Asia-Pacific Futures (ed., London: Admantine, 2003)など。

【翻　訳】『地球社会への目標』〈ラズロー〉(産能大学出版部、1979)、『人類の目標』〈ラズロー他〉(ダイヤモンド社、1980〈共〉)、『システム哲学入門』〈ラズロー〉(紀伊国屋書店、1980)、『思考の諸様態』〈ホワイトヘッド〉(松籟社、1980〈共〉)、『効率型社会への道程図』〈ハブリリシン〉(ダイヤモンド社、1982〈共〉)、『個人主義、全体主義、政治権力』〈ラズロー〉(お茶の水書房、1985〈共〉)、『サイバネテイクスの政治理論』〈ドイッチュ〉(早稲田大学出版部、1986〈共〉)、『紛争と平和の世界的文脈(2)』(国際書院、1989〈共〉)、『マクロシフト』〈ラズロー〉(文春ネスコ、2002〈共〉)など。

【論文の発表】英語、韓国語、ベトナム語、スペイン語等多数。

【勤務先】〒813-8503　福岡市東区松香台2-3-1　九州産業大学経営学部
電話 092-673-5313　電子メール itow@ip.kyusan-u.ac.jp

【現代臨床政治学シリーズ 2】

アジアと日本の未来秩序

2004年 4月10日　　初　版第1刷発行　　〔検印省略〕
2007年 4月 1日　　初　版第2刷発行

*定価はカバーに表示してあります

著者 ©伊藤重行／発行者　下田勝司　　印刷・製本　中央精版印刷

東京都文京区向丘1-20-6　　振替00110-6-37828
〒113-0023　TEL (03) 3818-5521　FAX (03) 3818-5514
E-Mail　tk203444@fsinet.or.jp

発行所
株式会社 東　信　堂

Published by TOSHINDO PUBLISHING CO., LTD.
1-20-6, Mukougaoka, Bunkyo-ku, Tokyo, 113-0023, Japan

ISBN978-4-88713-554-3　C3031